정부과제 통과하는 기획서 작성법

정부과제 통과하는 기획서 작성법

정부과제 평가위원이
직접 알려주는 통과 전략

유병철 지음

한언

머리말

평가위원의 마음을 사로잡는 기획서에는 스토리가 있다

정부과제 제안서, 사업 계획서, 연구개발계획서, 지원사업 신청서…. 심사를 받는 기획서는 그 자체로 성패를 좌우합니다. 하지만 막상 기획서를 심사하는 평가위원은 10분도 안 되는 짧은 시간에 수십 페이지를 훑어보고는 합니다. 이 짧은 시간 안에 평가위원들의 눈에 들려면, 대체 어떤 기획서를 제출해야 하는 걸까요?

    저는 지금까지 수많은 정부과제 평가 심사에 참여해 왔습니다. 평가에서 탈락한 기획서에는 공통적인 문제가 있었습니다. 논리는 있으나 맥락이 없고, 기술은 뛰어나지만 전달하는 메시지는 흐릿하며, 무엇보다 사람을 끌어당기는 매력이 부족했습니다. 반면 평가를 통과하여 선정된 기획서는 아무리 길이가 짧더라도 이야기 구조가 명료했습니다. '이 기업이 과제를 수행해야 하는 이유'를 설득력 있게 보여주었죠.

    기획서는 흔히 논리의 산물로 여겨집니다. 사람들은 기획서의 모든 항목이 논리적으로 기술되어야 한다는 강박을 느낍니다. 하지만 논리를 받아들이게 만드는 힘은 '스토리'에서 나옵니다. 사람들은 정보를 이해하고, 이야기로 설득되며, 감정으로 움직이기 때문입니다.

    '스토리'는 단순한 이야기가 아닙니다.

    이 과제가 왜 지금 필요한지 설명하는 **맥락**이고,
    이 기업이 왜 수행해야 하는지를 보여주는 **정체성**이며,

과제가 성공했을 때 세상에 어떤 변화가 생길지를 상상하게 하는 **미래**입니다.

정부과제 기획서의 진짜 독자는 평가위원입니다. 평가위원의 마음을 사로잡아야 정부과제에 선정됩니다. 그리고 이 평가 과정은 철저히 공정해야 하기에 평가위원은 전원 외부 전문가로 구성되며, 심사 중 모든 대화는 녹음되고, 사전 보안 서약을 통해 외부 영향력도 차단합니다.

그런데 평가위원조차 제출된 기획서의 내용을 잘 이해하지 못하는 경우가 많습니다. 실제로 심사 현장에서 저와 동료 평가위원들이 가장 자주 던진 질문은 이것입니다.

"이게 무슨 내용인지 다시 설명해 주시겠어요?"

내용을 파악하는 데 시간을 다 써버리면, 결국 차별성, 실현 가능성, 시장성 같은 핵심 요소를 평가할 시간이 턱없이 부족해집니다. 그러면 아무리 기획이 좋아도 탈락할 확률이 높아집니다. 저는 이런 상황을 수없이 보았습니다. 분명히 내용은 훌륭한데, 그 내용을 제대로 전달하지 못해 탈락하는 상황을요. 반대로 형식은 그럴듯해도 '이 기업이 이 과제를 왜 해야 하는지'에 대한 근거가 전혀 없는 빈껍데기 기획서도 적지 않았습니다.

이 책은 제가 현장에서 느낀 답답함과 안타까움, 그리고 이러한 현상을 분명히 바꿀 수 있다는 확신에서 출발했습니다. 당신이 설득하고 싶은 내용과 상대가 분명하다면, 이 책은 강력한 무기가 될 것입니다.

이 책은 누구를 위한 것인가?
- 정부R&D과제, 창업 지원사업 등 공공 지원사업을 준비하는 기업 대표
- 중소·중견기업의 전략 기획 실무자
- 정부R&D과제 및 지원사업 컨설턴트로서 한 단계 높은 설득력을 갖추고 싶은 전문가
- '그럴듯한' 기획서가 아니라 '선정되는' 기획서를 쓰고 싶은 모든 사람

또한, 이 책은 정부과제 평가위원들에게도 유용할 것입니다. 좋은 기획서는 평가자의 부담도 줄이고, 훌륭한 과제를 선정하도록 도울 것이기 때문입니다.

기획서에는 왜 스토리가 필요할까요? 설계도 중요하지만, 설득이 더 중요한 이유는 무엇일까요? 이 책에 그 해답을 담았습니다. 스토리가 담긴 기획서는 평가자의 선택을 이끌어 내고, 결국 최종 선정됩니다. 기획을 넘어 사람의 마음을 움직이고 싶다면, 이 책이 당신의 길잡이가 되어줄 것입니다.

2025년 분당에서
유병철

차례

| 머리말 | 평가위원의 마음을 사로잡는 기획서에는 스토리가 있다 | 5 |

1장. 정부과제의 세계를 이해하라
1. 정부과제는 왜 존재하는가? 15
2. 정부과제 기획 및 공고 프로세스 17
3. 정부과제 평가 과정의 이해 22
4. 정부과제 선정 구조와 평가위원의 시선 24
5. 평가표를 읽는 법과 읽히는 법 26
1장 요약 31

2장. 정부과제의 기획의도를 이해하라
1. 정부과제 공고 내용을 이해하기 어려운 이유 35
2. 정부과제 제안요청서 제대로 읽는 법 38
2장 요약 58

3장. 정부과제 기획서가 떨어지는 7가지 이유
1. 문제정의가 없다 61
2. 기술이 목적이 되어버렸다 64
3. 전략 없이 형식만 채웠다 66
4. '왜 우리가 선정되어야 하는지'가 없다 68
5. 숫자와 스토리가 따로 논다 70
6. 실행력이 보이지 않는다 72
7. 모호한 기대효과 75
3장 요약 77

4장. **논리는 설계다: 기획서의 뼈대를 세우는 기술**

    1. 기획서의 3대 구조 – 문제, 해결 방법, 기대효과   81

    2. 논리의 바탕 – 구조, 근거, 정합성   83

    3. 평가자의 뇌를 안심시키는 논리적 흐름 만들기   85

    4. SMART 목표 설정법   87

    4장 요약   89

5장. **스토리는 기억이다: 평가자를 움직이는 이야기의 힘**

    1. 사람은 이야기로 설득된다   93

    2. 도입부 스토리 – 왜 지금, 왜 이 과제인가?   95

    3. 전환 질문 기법 – 기술을 사람 문제로 바꾸기   97

    4. One-liner로 승부하라   99

    5. 스토리텔링 유형 5가지   101

    5장 요약   104

6장. **단계별 기획서 작성의 실전 가이드: 평가위원의 핵심 질문**

    1. 과제 개요   108

    2. 과제 목표와 내용   125

    3. 추진전략 및 추진체계   131

    4. 성과의 활용방안 및 기대효과   136

    6장 요약   144

7장. 발표자료와 발표평가

1. PPT, 보고서보다 논리는 줄이고 메시지는 키워라   147
2. 발표자료에 WoW 스토리를 담는 법   149
3. 발표평가에서 흔히 하는 실수와 극복법   151
4. Win-Win으로 이끄는 질의응답   154

   7장 요약   156

8장. 실전 템플릿

1. 스토리가 담긴 기획서 쓰기 3단계   159
2. 스토리 포맷 Before – Why – How – Impact   161
3. 실전 사례 다시 써보기 실습   164
4. 내 기획서 셀프 체크리스트   166

   8장 요약   168

9장. 종료평가 준비

1. 현장실태조사   171
2. 최종평가위원회   177

   9장 요약   180

부록 1.   정부R&D과제 기술개발계획서 목차   181
부록 2.   평가위원 관점 체크리스트   182
부록 3.   내 기획서 최종 점검표   186
부록 4.   유용한 참고 사이트   188

일러두기

정부과제는 정부R&D과제와 정부지원과제를 포함하는 개념이다. 본문에서도 두 개념을 포함하는 의미로 사용하고, 개별 사업을 예시로 들 때는 이를 구분하여 사용하기로 한다.

정부R&D과제는 중앙행정기관이 관련 법령에 근거하여 국가 산업 발전에 필요한 연구개발(R&D)과제를 특정하고, 그 연구를 국가가 직접 수행하지 않고 기업체, 연구기관, 대학교(산학협력단) 등이 수행할 수 있도록 해당 연구개발비의 전부 혹은 일부를 국가 예산으로 지원하는 정책사업을 의미한다. 정부R&D과제를 주로 주관하는 곳은 정보통신과학기술부, 산업통상자원부, 중소벤처기업부, 보건복지부, 교육부 등 중앙행정기관과 중앙 부처 산하 전문기관 등이다.

정부지원사업은 국가 산업 발전에 중요하다고 판단하는 과제를 선정하고, 중앙정부, 지방자치단체, 공공기관이 그 과제를 수행할 민간기업과 협약을 맺고 정부 보조금을 지원하는 사업을 의미한다. 정부지원과제는 해당하는 개별 기업을 지원하는 경우가 많다. 이와 같은 지원사업을 주로 추진하는 곳은 중소벤처기업부와 중앙 부처 산하 공공기관과 전문기관, 정부재정기관, 정부 책임관리기관, 광역지방자치단체와 산하기관, 기초지방자치단체와 산하기관 등이다.

기관은 중앙 부처 및 공공기관 등 과제를 기획하는 조직을 의미한다. 정부과제를 수행하는 산학연(기업, 대학교 산학협력단, 연구소 등)을 의미할 때는 연구개발기관이라고 한다. 연구개발을 담당하는 산학연을 모두 지칭할 때는 컨소시엄이라는 용어를 사용했다.

* 본문에서는 정부R&D과제 기획, 공고, 평가, 종료 등의 예시로 산업통상자원부 한국산업기술기획평가원(KEIT) 과제를 많이 인용하였다. 다른 부처와 전문기관의 경우에 양식과 평가 기준이 조금씩 다를 수 있음을 미리 밝힌다. 다만, 평가자의 입장을 반영하여 기술한 내용은 다른 모든 기관에 공통으로 적용할 수 있을 것이다.

1장.

정부과제의 세계를 이해하라

1

정부과제는 왜 존재하는가?

많은 기업이 기업 경영에 필요한 재정 지원을 받기 위해 정부과제에 도전한다. 당연하다. 하지만 정부는 단지 재정을 지원하는 이상으로 성과를 설계하는 주체다. 정부과제가 존재하는 근본적인 이유는 다음 세 가지이다.

(1) 국가 전략과 정책 목표 실현

정부는 국가의 산업 전략, 기술 주도권, 고용 창출, 사회문제 해결과 같은 중장기 목표를 민간의 실행력으로 실현하고자 정부과제를 주도한다. '소부장 자립화', '디지털 전환', '저출산·고령화 대응' 같은 키워드가 과제명으로 바뀌고 평가표의 항목이 되는 이유다. 물론 개별 기업의 성장과 발전을 돕는 과제도 다수 있다. 이런 과제들은 대체로 중소기업을 대상으로 개별 사업장의 초기 시장 진입과 성장을 지원한다. 그에 비해 대부분 정부과제는 국가 단위로 수립한 정책을 부처별로 나누어 구현하고자 하는 수단으로 추진되고 있다.

(2) 시장 실패 보완

정부는 시장 논리에 맡겨둘 수만 없는 영역을 보완한다. 예를 들어, 고위험 신기술 R&D, 장기적 사회문제 해결형 사업 등은 대부분 단독 기업이 감당하기 어렵다. 기업은 기본적으로 이윤을 추구하는 집단이다.

이익이 나지 않는 사업은 아무도 하지 않는다. 장기적인 관점에서 중요한데 단지 이익이 나지 않는다는 이유로 아무도 사업을 추진하지 않는다면 미래 국가 경쟁력에 큰 위험이 될 수 있다. 정부는 이를 보완하고 기회의 균형을 맞추기 위해 다양한 정부과제를 기획한다.

(3) 공공성과 파급력 있는 성공 모델 발굴

정부는 당장의 수익보다 공공성과 확산 가능성을 중요하게 본다. '이 기업의 성공이 유사 기업들에게 어떤 기준이 되는가?' '이 기술이 사회에 어떤 구조적 영향을 주는가?' 이런 질문에 답할 수 있는 과제는 단순한 성과를 넘어 주요 사례가 된다. 특히 기반 기술 개발, 생태계 조성, 보건과 건강, 교통 문제, 노인·장애인·어린이를 비롯한 사회적 약자 보호 등 공공성이 큰 사업이 그렇다. 당장에는 큰 지출이 예상되어도 이를 구현하는 것이 공공의 이익에 부합한다면 정부과제로 추진하여 성공 모델을 발굴하고자 한다.

정부는 상업 투자자가 아니다. 평가자도 개별 기업의 심사관이 아니다. 공공성과 확장 가능성을 판별하는 설계자의 역할에 가깝다. 따라서 정부과제 기획서를 쓸 때는 '이 과제가 정부의 전략에 왜 필요한가?'를 먼저 생각해야 한다. 이렇게 쓴 기획서는 더 이상 단순히 정부로부터 돈을 받기 위한 문서가 아니라, 정부가 과제 수행자로서 우리 기업을 선택해야 할 이유를 설계한 전략서가 될 것이다.

2

정부과제 기획 및 공고 프로세스

정부R&D과제가 공고되기까지의 프로세스를 파악한다면 공고를 더 자세히 이해할 수 있다. 한국산업기술기획평가원(KEIT)의 과제를 예시로 보겠다.

과제를 기획하고 선정하기 위한 첫 번째 절차는 '수요조사서 접수'이다. 과제 기획 시 산업 현장의 요구를 반영하기 위함이다.

수요조사서의 항목은 간단하다. 다만, 해당 과제에 대한 수요조사서를 제출했다고 그 신청 기관이 향후 그 과제를 수행하도록 보장된 것은 아니다. 수요조사서는 어디까지나 과제를 선정하기 위한 과정일 따름이다. 정부가 과제를 기획할 때 수요조사서의 내용만 고려하는 것도 아니다. 정부과제를 시행하는 각 기관은 주요 국정 과제, 장기적 트렌드, 국내외 경쟁 상황 등을 자세히 조사한 후 별도의 전략과 실행 로드맵을 가지고 있다. 하지만 현장의 직접적인 요구를 반영하는 것이 정책 수립과 실행의 가장 큰 원동력이 되는 만큼 수요조사서도 받는 것이다.

수요조사서 접수 이후 본격적인 과제 선정 과정에 들어간다. 주로 각 행정기관의 담당자 또는 PD(Program Director)가 주관한다. 접수된 수요조사서를 검토하고 내용별로 분류한다. 그리고 외부 전문가로 실무작업반을 구성한다. 여기에서 산업 현장의 의견과 사회적 이슈가 큰 사항을 중심으로 주요 과제 분야를 선정한다.

선정된 분야별로 제안요청서(RFP)를 작성한다. 보통 실무작업반

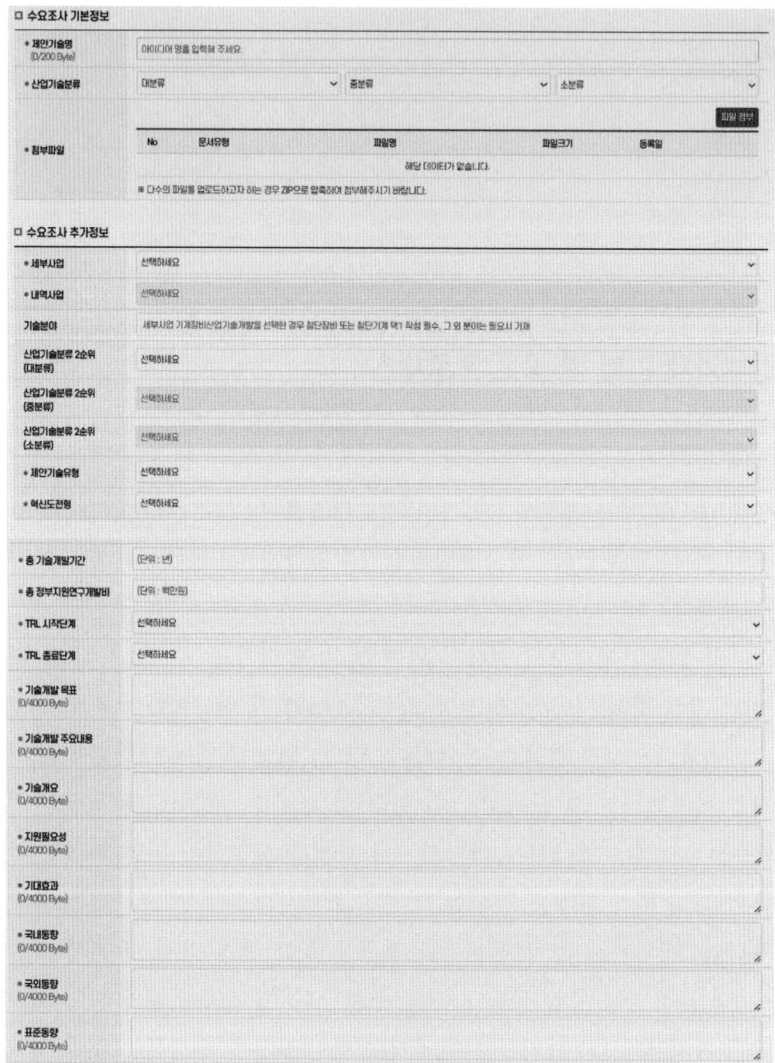

2026년도 조선해양 분야 R&D 신규과제 발굴을 위한 기술수요조사서 양식

(출처: 한국산업기술기획평가원 홈페이지, https://srome.keit.re.kr/)

에 소속된 전문가 한 명당 2~3개의 예비과제를 작성해서 과제뱅크에 등록한다. 과제뱅크에 등록된 예비과제는 해당 기관 및 주관 부처의 내부 검토를 거친 후 최종과제로 결정된다. 평균적으로 예비과제의 60~70% 정도가 최종과제로 선정된다.

확정된 과제는 공고하여 접수한다. 과제 공고 기간은 통상 30일 정도이다. 사실 해당 과제에 참여하려는 기업이 과제 내용을 분석하고, 기획서를 작성해서 제출하기에는 빠듯한 시간이다. 그만큼 수요조사서를 접수하며 해당 과제에 대해 미리 고민했던 기업이 유리하다. 물론 수요조사서를 제출하지 않았더라도 과제가 현재 회사의 업무 또는 향후 계획과 유사한 경우에는 참여하기 덜 부담스럽다. 시간에 쫓기면 경쟁력 있는 기획서를 제출하기 어렵다. 그러므로 관심 있는 과제가 있다면 수요조사서를 제출하는 것을 권장한다.

정부지원과제는 해당 사업을 주관하는 중앙 부처, 공공기관 및 지방자치단체에서 매년 같은 과제를 반복해서 공고하는 경우가 많다. 이 경우 수요조사서 접수부터 RFP 작성 과정은 생략하고 해당 연도의 예산, 지원 대상, 절차, 일정 등의 내용을 수정하여 공고한다. 평가 절차는 정부R&D과제 프로세스와 동일하다.

한국산업기술기획평가원 과제 선정 프로세스

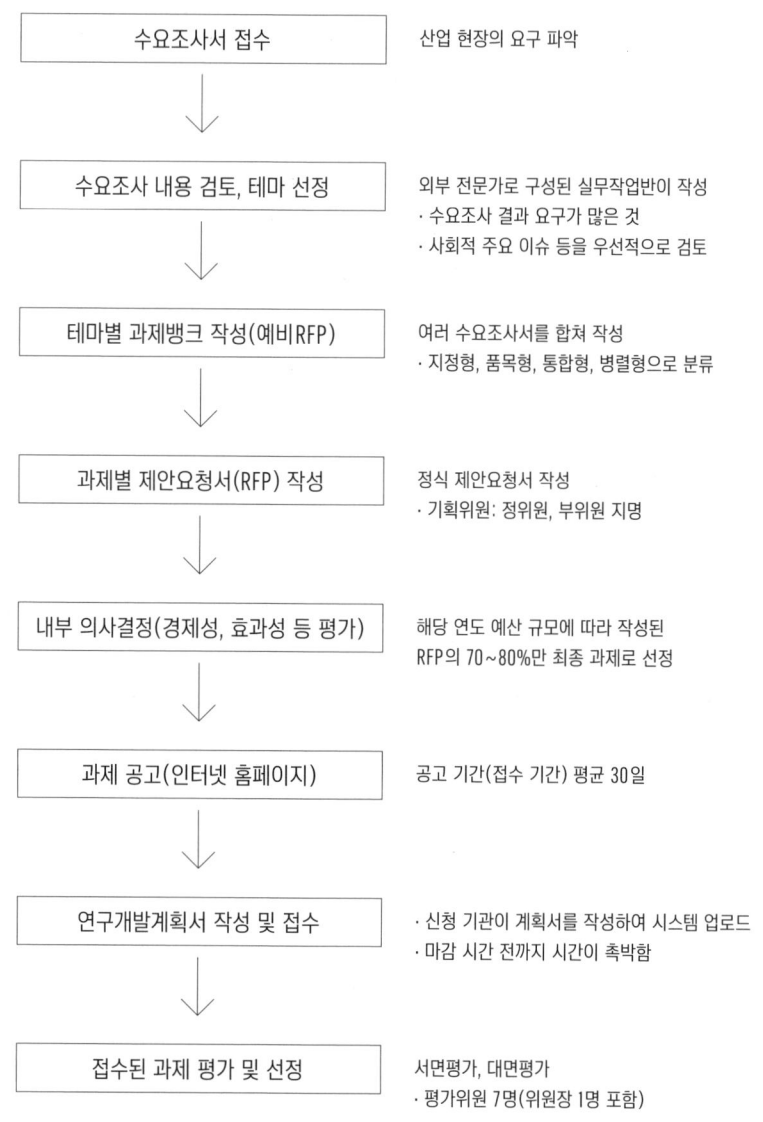

수요조사서 접수	산업 현장의 요구 파악
수요조사 내용 검토, 테마 선정	외부 전문가로 구성된 실무작업반이 작성 • 수요조사 결과 요구가 많은 것 • 사회적 주요 이슈 등을 우선적으로 검토
테마별 과제뱅크 작성(예비 RFP)	여러 수요조사서를 합쳐 작성 • 지정형, 품목형, 통합형, 병렬형으로 분류
과제별 제안요청서(RFP) 작성	정식 제안요청서 작성 • 기획위원: 정위원, 부위원 지명
내부 의사결정(경제성, 효과성 등 평가)	해당 연도 예산 규모에 따라 작성된 RFP의 70~80%만 최종 과제로 선정
과제 공고(인터넷 홈페이지)	공고 기간(접수 기간) 평균 30일
연구개발계획서 작성 및 접수	• 신청 기관이 계획서를 작성하여 시스템 업로드 • 마감 시간 전까지 시간이 촉박함
접수된 과제 평가 및 선정	서면평가, 대면평가 • 평가위원 7명(위원장 1명 포함)

한국산업기술기획평가원 내부 프로세스 이해를 바탕으로 정리한 것이다.

정부R&D과제 유형

품목형(Bottom - up) 과제
공고된 과제내용에 맞게 연구개발의 목표 및 내용을 자유롭게 제안할 수 있는 방식이다. 자유공모형, 품목지정형으로 구분된다. '자유공모형'은 산학연 연구자들이 연구주제를 자유롭게 제안하는 과제이다. '품목지정형'은 과제공고 이후 품목(제품, 기술분야)만 제시하고 연구개발기관의 기획서를 평가하는 방식이다. 구체적인 연구목표 등의 제시는 하지 않는다.

지정형(Top - down) 과제
각 부처에서 작성한 RFP에 제시된 연구목표, 개발 방법 등을 수행하기 위해서, 미리 정해진 연구주제에 응모해 연구비를 지원받는 방식이다.

병렬형 과제
목표와 방법이 다른 여러 기술개발 과제의 연구성과 시너지가 기대되는 경우, 병렬형 과제로 공시하여 연구 개발 기간 중 상호 소통과 협력을 필수요건으로 한다.

통합형 과제
개발하고자 하는 기술개발 내용이 유사한 과제들을 하나의 과제로 묶어 진행하는 방식으로, 통상 개별 연구개발기관 외에 총괄기관의 역할을 추가로 부여하여 진행한다.

경쟁형 과제
기술개발 기간을 사전에 확정하지 않고, 하나의 과제에 2개 이상의 기관을 선정한 후 단기간(6~9개월) 동안 비즈니스모델 개발 등 1차 목표를 부여한 다음 다시 평가하여 최종 1개 기관에 기술개발을 맡긴다. (예: BI연계형 과제)

3

정부과제 평가 과정의 이해

과제별로 적게는 3개, 많게는 30개 이상의 기업이 과제 기획서를 제출한다. 각 기업은 신청할 때 얼마나 많은 기업이 기획서를 제출했는지 알 수 없다. 과제를 주관하는 정부기관은 과제 기획 시 평균 6개 기업이 신청하는 것을 목표로 한다. 너무 많은 과제가 접수되면 평가와 관리도 힘들고, 많은 탈락 기업에 큰 실망감을 주기 때문이다. 반대로 접수된 과제 수가 너무 적어도 문제인데, 사회적으로 수요가 없거나 파급 효과가 적은 과제라고 오해를 받을 수도 있기 때문이다.

대개 평가자는 모든 기획서를 꼼꼼하게 검토할 시간이 부족하다. 특히 과제 제출자가 기획서 작성에 투자한 시간에 비하면 검토 시간이 절대적으로 짧다. 작성에 30일이 걸린 기획서를, 몇 시간 만에 읽고 평가해야 하는 것이다.

평가위원들의 평가 절차

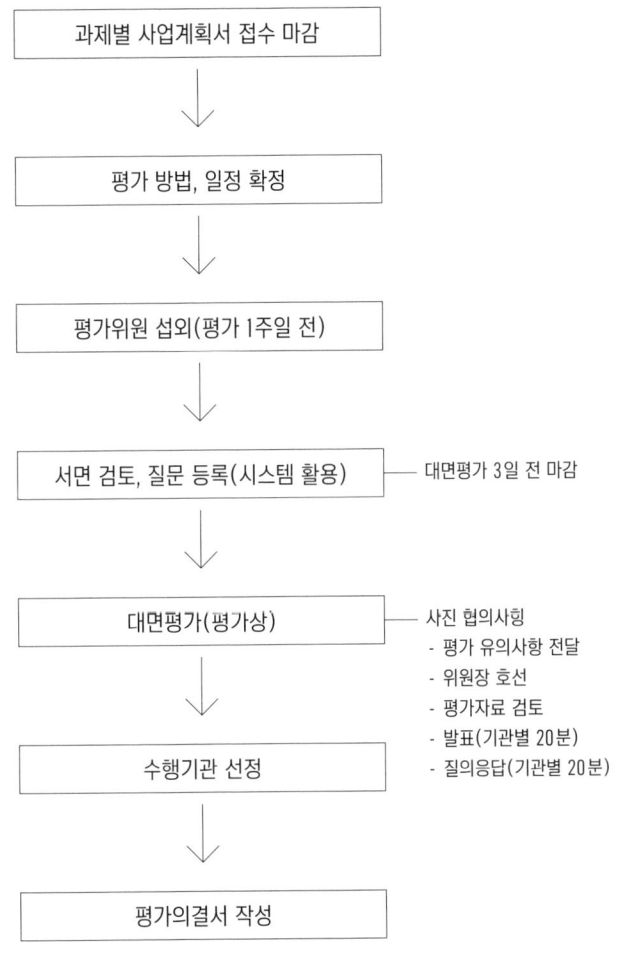

한국산업기술기획평가원 과제 평가 경험을 토대로 정리한 것이다.

4

정부과제 선정 구조와 평가위원의 시선

정부과제는 공개 공모, 평가, 선정 순서대로 진행된다. 과제 신청자는 종종 이 과정이 불투명하고 복잡하다고 생각한다. 실제로 많은 기업이 "우리가 왜 떨어졌는지 모르겠다"라고 말한다. 그렇게 생각하는 것도 당연하다. 신청자는 대체로 자기 관점에서 과제를 보고, 평가위원은 전혀 다른 관점에서 과제를 보기 때문이다. 신청자는 평가위원의 다음과 같은 관점을 이해해야 한다.

(1) **균형 있는 과제가 선정된다.**
정부과제 평가는 기본적으로 '정량평가'와 '정성평가'를 기반으로 한다. 기술성, 연구 역량, 사업화 및 경제성 등의 항목이 있고, 항목마다 배점이 정해져 있다. 평가위원들은 항목별로 점수를 주는데, 이 점수를 단순 합산하지는 않는다. 과제 최종 선정 시에는 점수가 같아도 어떤 과제가 더 명확하고 설득력 있게 보였는지를 중요하게 본다.

(2) **완벽할 필요는 없다. 불안요소가 적어야 한다.**
많은 신청자가 "우리 과제는 완벽하다"라고 주장한다. 하지만 평가위원은 완벽한 기획을 찾지 않는다. 그보다는 설계가 명확하고 리스크가 적은 과제를 선택한다. 즉, 평가자는 다음 사항을 중요하게 본다.

- 문제를 명확하게 정의하였는가?
- 해결 방안은 실현 가능한가?
- 성공 가능성이 있는가?
- 정부 예산을 투입할 필요가 있는가?
- 선정 후 종료 시까지 잘 추진될 수 있는가?

즉, "신뢰할 수 있는 구조인가?"가 핵심이다.

(3) 한정된 시간에 평가해야 한다.
정부과제는 과제 한 개당 20~30분 내외의 발표 심사를 진행한다. PPT 발표 10~20분, 질의응답 10분. 평가위원은 이 짧은 시간 안에 내용 이해, 기술 및 시장 타당성 판단, 질의응답을 통한 신뢰도 확보 등을 모두 수행해야 한다. 즉, 발표 심사 시 다음 사항이 성패를 좌우한다.

- 쉽게 잘 읽히고 핵심 파악이 용이한가?
- 직관적으로 이해되는가?
- 신뢰를 주는가?

(4) 평가위원은 결정하는 사람이다.
대부분 신청자는 기획서에 충분한 내용을 담았다고 생각한다. 그러나 짧은 시간 안에 기획서를 읽고 낯선 사업과 생소한 기술을 접하는 평가위원은 "이게 무슨 내용이지?"라고 생각하는 경우가 많다. 기획서 작성자가 해야 할 일은 정보 나열이 아니다. 평가위원이 이해할 수 있는 논리와 스토리를 설계하고, 그들이 고개를 끄덕이게 만드는 것이다.

5

평가표를 읽는 법과 읽히는 법

정부과제 기획서 작성 시 가장 쉽게 간과되는 점은 평가표 그 자체를 전략 문서처럼 다루어야 한다는 것이다. 많은 기업이 평가표를 단지 체크리스트처럼 참고만 하고, 정작 평가표가 어떻게 점수를 구성하는지 몰라서 작성 방향을 놓친다.

평가표는 평가위원이 무엇을 보고 판단할 것인지 알린 선언문이다. 예를 들어, "연구개발 내용 및 방법이 창의적인가?"라는 항목이 있다면, 기획서에 단지 우리가 창의적이라고 주장하는 것만으로는 부족하다. '어떻게 창의적인가?' '무엇과 비교했을 때 차별화되었는가?' '그 차별성은 어디에 구체적으로 표현되어 있는가?' 이러한 점을 기획서 내에 명시적으로 드러내야 한다.

그러므로 기획서 작성 전에 평가표를 항목별로 해석하고, 그에 맞는 내용 구성 설계도를 먼저 만들어야 한다. 즉, 작성하는 모든 내용은 평가표 항목에 대응하도록 설계되어야 한다. 이어지는 각 평가 항목은 실제 평가표를 바탕으로 재구성한 예시이다. 원문과 같지는 않으니 참고 자료로 활용하기를 바란다.

한국산업기술기획평가원 품목형 R&D과제 평가 항목

평가 영역 (비중 %)	평가 세부 항목	평가위원의 핵심 질문
기술성 (40)	목표 및 연구개발의 도전성 및 창의성	· 이 과제는 정부 지원이 필요한가? · 개발목표가 공고 목적과 부합하는가? · 개발목표가 구체적이며 정량적으로 제시되었는가? · 글로벌 수준에 도전할 만한가?
	창의성과 혁신성	· 연구 내용과 방법이 독창적인가? · 우수한 지식재산(특허 등)을 창출할 수 있는가?
	추진계획의 충실성	· 연구개발 내용 및 방법이 합리적인가? · 연구비 편성과 규모가 타당한가?
연구 역량 (20)	연구조직 전문성	· 연구책임자의 전문성 및 연구윤리가 적절한가? · 참여 연구진이 전문적이고 역량이 뛰어난가? · 연구조직 및 연구진의 역할 분담이 적절한가?
	인프라 활용 능력	· 연구 장비와 시설이 충분한가? · 연구인프라 활용 계획이 적절한가? · 지식재산을 가지고 있으며 지식재산 관리 인력이 있는가?
사업화 및 경제성 (40)	사업화 경험	· 과거에 관련 기술이전이나 사업화 성과를 보유하고 있는가?
	사업화 추진력	· 사업화 투자 계획이 합리적인가? · 시장 분석과 진출 전략이 타당한가?
	경제적 파급 효과	· 기술이 수익성, 수출·수입 대체, 고용 창출 등 추가 가치를 창출할 수 있는가?

한국산업기술기획평가원 표준형 R&D과제 평가 항목

평가 영역 (비중 %)	평가 세부 항목	평가위원의 핵심 질문
사업계획 적정성 (20)	목표 구체성과 명확성	· 이 과제는 정부 지원이 필요한가? · 개발목표가 공고 목적과 부합하는가? · 개발목표가 구체적이며 정량적으로 제시되었는가?
	창의성 및 수행계획	· 개발내용 및 방법이 합리적인가?
추진 능력 및 연구개발비 (20)	연구 역량	· 연구책임자의 전문성 및 연구윤리가 적절한가? · 참여 연구진이 전문적이고 역량이 뛰어난가? · 연구조직 및 연구진의 역할 분담이 적절한가? · 연구시설 장비 등 연구 인프라가 충분한가?
	연구개발비의 타당성	· 연구개발비 규모와 산정이 합리적인가?
결과 활용 가능성 및 파급 효과 (60)	최종목표 달성 가능성	· 제시된 최종 목표(표준개발, 기반조성)를 달성할 가능성이 높은가?
	결과 활용 가능성	· 개발된 결과물이 산업, 사회 현장에서 활용될 수 있는가?
	파급 효과	· 연구 성과가 확산되어 추가적인 가치(수익, 수출, 고용 창출 등)를 창출할 수 있는가?

행정안전부 공공서비스디자인 발표심사 평가 항목

평가 영역 (비중 %)	평가 세부 항목	평가위원의 핵심 질문
추진 적합성 (30)	추진 배경	· 이 과제가 해당 기관의 현안과 잘 맞는가? · 과제의 목적과 추진 배경은 명확한가?
	수요자 선정	· 추진 배경을 반영하여 핵심 수요자를 적절히 정의하였는가?
사업 타당성 (40)	추진체계	· 과제의 특성을 반영하여 국민디자인단을 구성하였는가? · 구성원간 역할 분담 및 협력체계가 명확한가?
	세부운영방향	· 수요자의 어려움을 반영하여 근본적인 원인을 분석하였는가? · 기존 사례와 비교했을 때 차별성이 있는가? · 서비스디자인 기법이 적절히 활용되었는가? · 결과물이 과제 배경, 수요자, 기대효과에 부합하는가?
향후 추진계획 (30)	지속성	· 도출된 성과를 지속적으로 유지·발전시킬 수 있는가?
	확장성	· 정부 혁신정책과 연계 가능성이 있는가? · 다른 기관으로 확산할 가능성이 있는가?

'평가표를 읽는 법'이 과제를 평가받는 사람이 기획서 작성 시 평가표를 참고하는 것을 의미하면, '평가표 읽히는 법'은 평가자가 문서를 읽을 때 그 흐름을 유도하는 전략이라고 할 수 있다. 평가자들은 보통 다음과 같은 순서로 기획서를 읽는다. 개요, 추진 배경 또는 문제 정의, 전략, 기대효과, 예산. 즉, 평가자는 도입에서 신뢰를 얻고, 중간에서 구체성을 확인하며, 마지막에 설득되어야 한다. 이를 위해 다음과 같은 시선 유도 기법이 필요하다. 이러한 기법은 단순한 디자인 이상으로 나의 기획서가 평가자에게 잘 읽히도록 만드는 전략적 설계이다.

- 평가표 항목을 소제목으로 활용한다.
  (예: 정부 지원이 필요한 이유, 연구개발 내용 및 방법의 창의성 등)
- 요약표 또는 한눈에 보기 도표를 활용한다.
- 중요한 문장은 문단 시작 부분에 작성한다.
- 색, 굵기, 구분선 등을 활용하여 가독성을 확보한다.

평가표 읽는 법과 읽히는 법은 동시에 작동해야 한다. 좋은 기획서는 다음 두 가지 질문 모두에 "예"라고 답할 수 있어야 한다.

- 이 기획서는 평가표에 맞춰 논리적으로 구조화되어 있는가?
- 이 기획서는 읽는 사람이 한눈에 핵심을 파악할 정도로 명확하고 설득력 있게 작성되었는가?

이 둘 중 하나라도 부족한 기획서라면 노력을 많이 기울였어도 최종 선정되기 어려운 문서가 되고 만다. 평가표는 평가위원의 언어로 이해하되, 기획서는 그 언어를 통해서 빛나야 한다. 그것이 바로, 논리로 설득하고 스토리로 통과하는 기획서의 시작이다.

행정안전부 공공서비스디자인 발표심사 평가 항목

평가 영역 (비중 %)	평가 세부 항목	평가위원의 핵심 질문
추진 적합성 (30)	추진 배경	· 이 과제가 해당 기관의 현안과 잘 맞는가? · 과제의 목적과 추진 배경은 명확한가?
	수요자 선정	· 추진 배경을 반영하여 핵심 수요자를 적절히 정의하였는가?
사업 타당성 (40)	추진체계	· 과제의 특성을 반영하여 국민디자인단을 구성하였는가? · 구성원간 역할 분담 및 협력체계가 명확한가?
	세부운영방향	· 수요자의 어려움을 반영하여 근본적인 원인을 분석하였는가? · 기존 사례와 비교했을 때 차별성이 있는가? · 서비스디자인 기법이 적절히 활용되었는가? · 결과물이 과제 배경, 수요자, 기대효과에 부합하는가?
향후 추진계획 (30)	지속성	· 도출한 성과를 지속적으로 유지·발전시킬 수 있는가?
	확장성	· 정부 혁신정책과 연계 가능성이 있는가? · 다른 기관으로 확산할 가능성이 있는가?

'평가표를 읽는 법'이 과제를 평가받는 사람이 기획서 작성 시 평가표를 참고하는 것을 의미하면, '평가표 읽히는 법'은 평가자가 문서를 읽을 때 그 흐름을 유도하는 전략이라고 할 수 있다. 평가자들은 보통 다음과 같은 순서로 기획서를 읽는다. 개요, 추진 배경 또는 문제 정의, 전략, 기대효과, 예산. 즉, 평가자는 도입에서 신뢰를 얻고, 중간에서 구체성을 확인하며, 마지막에 설득되어야 한다. 이를 위해 다음과 같은 시선 유도 기법이 필요하다. 이러한 기법은 단순한 디자인 이상으로 나의 기획서가 평가자에게 잘 읽히도록 만드는 전략적 설계이다.

- 평가표 항목을 소제목으로 활용한다.
  (예: 정부 지원이 필요한 이유, 연구개발 내용 및 방법의 창의성 등)
- 요약표 또는 한눈에 보기 도표를 활용한다.
- 중요한 문장은 문단 시작 부분에 작성한다.
- 색, 굵기, 구분선 등을 활용하여 가독성을 확보한다.

평가표 읽는 법과 읽히는 법은 동시에 작동해야 한다. 좋은 기획서는 다음 두 가지 질문 모두에 "예"라고 답할 수 있어야 한다.

- 이 기획서는 평가표에 맞춰 논리적으로 구조화되어 있는가?
- 이 기획서는 읽는 사람이 한눈에 핵심을 파악할 정도로 명확하고 설득력 있게 작성되었는가?

이 둘 중 하나라도 부족한 기획서라면 노력을 많이 기울였어도 최종 선정되기 어려운 문서가 되고 만다. 평가표는 평가위원의 언어로 이해하되, 기획서는 그 언어를 통해서 빛나야 한다. 그것이 바로, 논리로 설득하고 스토리로 통과하는 기획서의 시작이다.

1장 요약

- 제안서를 작성할 때는 이 과제가 우리나라 산업에 왜 필요한지를 먼저 생각하자.
- 관심 있는 과제가 있으면 수요조사서를 제출하고, 함께 수행할 기관을 찾아보자.
- 정부과제 평가 과정을 이해하고 필요한 사항을 미리미리 준비하자.
- 평가 구조를 이해하고 평가위원의 상황과 관점을 고려하여 작성하자.
- 평가위원이 읽는 순서와 사고의 흐름을 고려하여 기획서를 작성하자.

항목	평가위원의 관점
정부과제의 존재 이유	우리나라 산업 발전과 산업 생태계 조성에 도움이 되는가?
과제와 수행기관의 연계성	과제가 수행기관의 기존 기술개발 및 사업 내용과 연관성이 큰가?
과제 내용의 이해 용이성	많은 과제 가운데 이해하기 쉽고 눈에 띄는 것은 무엇인가?
과제 선정의 불안 요소	어느 과제가 수행에 따른 리스크가 더 적은가?
문서 읽을 때 중점 요소	내용이 논리적으로 구조화되었으며 핵심이 명확한가?

2장.

정부과제의 기획의도를 이해하라

1

정부과제 공고 내용을 이해하기 어려운 이유

정부과제에 처음 신청하는 담당자가 처음부터 과제 내용을 정확하게 이해하는 것은 매우 어렵다. 그 첫 번째 이유는, 공고문에서 사용하는 용어가 개념적이고 추상적이기 때문이다. 시스템, 활성화, 제고, 강화, 체계, 대응, 모델, 운영, 구축 등이 대표적인 예시다. 다양한 과제 제목을 비교해 보면 사업 특성에 따른 특정 명사와 개념적인 용어의 합성으로 이루어져 있다. 처음 신청하는 사람은 이러한 내용을 어렵다고 느낄 수 있다. 그래서 정부과제는 내용을 잘 아는 소수 기업이 반복해서 선정되어 수행하는 경우가 많다.

그렇다 해서 정부기관 담당자가 과제 내용을 아주 구체적으로 작성할 수는 없다. 지나치게 구체적으로 작성해 공지하면 정부과제를 신청하는 기관의 창의성과 자율성을 제한할 수 있다고 보기 때문이다. 쉬운 이해를 위해 지나치게 상세하게 기재했다가 특정 기관만 신청하고 선정되는 특혜를 준다는 오해를 받을 수도 있다.

과제 내용을 잘 이해하지 못해 탈락한 사례

A업체는 한국디자인진흥원에서 진행하는 '2023년 디자인 - 온라인제조플랫폼 사업 플랫폼 전문기업 모집'에 지원하였다. 평가장은 경기도 성남시 판교에 있었다. 신청업체 대표님은 SRT를 타고 2시간 이상 걸리는 지역에서 직원 2명과 함께 PT평가에 참석했다. 멀리서 아침 일찍 출발하여 이곳까지 왔으니 잘 부탁한다는 인사도 잊지 않았다.

하지만 발표가 시작되고 대표님은 공고의 사업목적과는 전혀 다른 내용을 강조했다. 이 사업은 수요기업의 요청이 오면 제조플랫폼에 업로드하고, 다양한 제조파트너사들을 연계하여 시제품 개발을 지원해 줄 제조플랫폼 기업을 선정하는 것이었다. 다시 말하면, 수요기업의 필요사항을 확인하고, 이를 지원해주는 여러 제조파트너사를 연결하는 플랫폼 운영 기업을 뽑는 사업이었다. 그러나 대표님은 자사가 '수요자로부터 온라인으로 주문받아 다양한 제조 물품을 판매하는 플랫폼 사업자'라는 점을 강조하셨다. 이는 해당 사업이 이 과제를 통해 지원하려는 수요기업에 가까운 설명이었다.

20분간의 열정적인 발표 후 선뜻 질문하는 평가위원이 없었다. 나는 조심스럽게 질문했다. "한국디자인진흥원에서 의도한 이 사업의 성격이 이러한데, 혹시 어떻게 이해하셨는지요?" 대표님은 "플랫폼 전문기업 모집 공고를 보고 지원했다"라고 답변했다. A업체는 안타깝게도 최종 선정되지 못했다.

디자인 - 온라인제조플랫폼 사업 운영체계

```
                        평가·선정
                        관리·홍보
                                    전담기관
                                    (KIDP)
                        
                                평가·선정    역량 강화 지원

   수요기업      공급 기업 추천    전문기업      협업      공급기업
   (발주사)      품질 관리        (플랫폼)     생산      (파트너사)
```

- 공장 없는 제조기업
- 제조 기반이 없는 기업
  (디자인 기업, 스타트업)

- 수요기업 - 공급기업 매칭을 통해 시제품 개발을 지원해주는 플랫폼 기업

- 디자인, 제조, 생산 전문 기업
- 유휴생산설비보유기업 위탁생산전문기업 등(OEM, ODM)

출처: 한국디자인진흥원 홈페이지

디자인 - 온라인 제조플랫폼 사업 추진체계

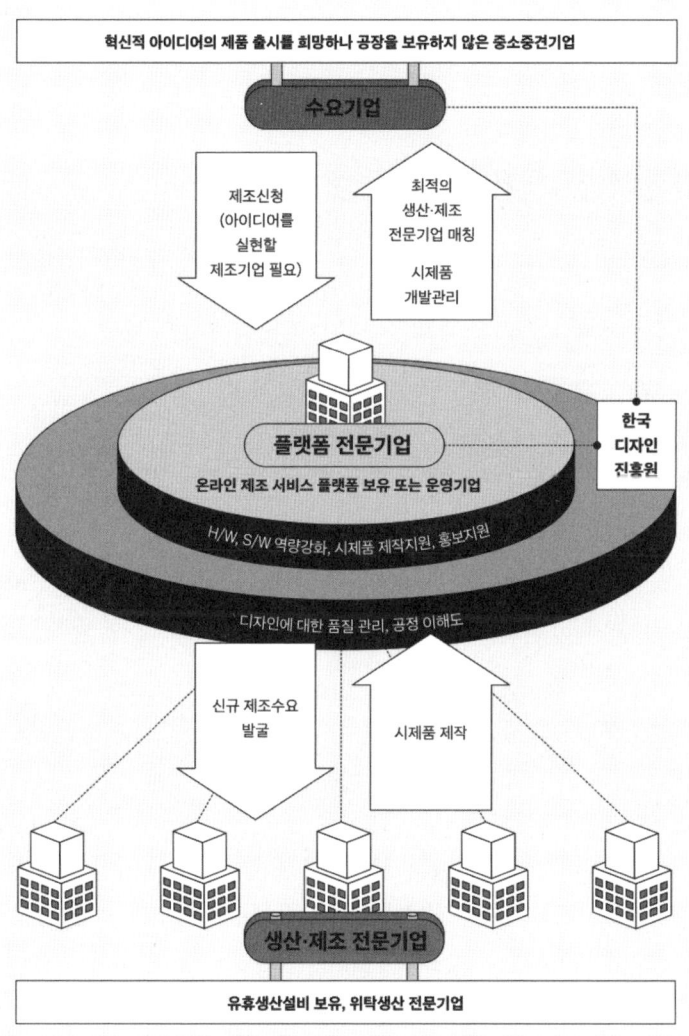

출처: 한국디자인진흥원 홈페이지

2

정부과제 제안요청서 제대로 읽는 법

정부R&D과제 공고문에는 과제명, 개념, 지원범위 등이 있다.

(1) 과제명 읽는 법
제목(과제명)에는 중요한 정보가 모두 담겨 있다. 통상 과제가 공고될 때 제목 유형은 아래와 같다.

> ○○를 위한 ○○○기술개발 및 ○○

자세히 살펴보자. '○○를 위한'은 이 기술개발의 목표와 지향점을 나타낸다. 다시 말해, 이 과제가 왜 나오게 되었는지 배경과 필요성을 짐작할 수 있는 대목이다. 정부가 예산을 투입하여 특정 과제를 진행하는 이유는 결핍이 있기 때문이다. 국내 산업 발전에서 현재 결핍이 무엇인지, 국내 기업체들의 요구사항이 무엇인지를 예상할 수 있다.
다음으로 '○○○기술개발'은 앞의 목표를 달성하기 위해 개발해야 하는 기술요소이다. 제목 마지막에 붙는 내용은 결과물로, 최종적으로 확인하려는 성과 및 효과이다.

○○를 위한	○○○기술개발 및	○○
목표, 지향점 이 과제가 나오게 된 배경과 이유를 보여줌	**기술개발의 요소** 구체적으로 어떤 기술을 개발하여 앞의 목표를 달성한 것인지를 보여줌	**기대결과 및 개발 효과** 최종적으로 예상하는 결과물의 모습과 기대하는 성과

다음은 한국산업기술기획평가원 배터리디스플레이실에서 공고한 과제이다. 예시를 보며 과제명 읽는 연습을 해보자.

품목형 RFP 예시

글로벌 시장 진출을 위한	차세대 인간중심조명 디지털 시스템 기술개발 및	실증
목표, 지향점 국내 조명 산업 및 기업의 해외경쟁력이 부족하여 해외 진출을 위한 경쟁력 확보	**기술개발의 요소** 해외시장 진출에 필요한 기술요소를 '인간중심조명 디지털 시스템 구축'으로 봄	**기대결과 및 개발 효과** 최종적으로 기대하는 결과물은 해외 현지 실증과 사업화 가능성임

'글로벌 시장진출'은 이 과제가 나오게 된 배경과 목표이다. 이 과제의 평가 전, 담당 PD님이 과제의 공고 배경과 내용을 자세하게 설명해 주셨다. 요약하면, 현재 국내 조명기업들의 해외경쟁력이 부족한데 이 과제가 고부가가치 해외시장 개척의 성공적인 계기가 되기를 희망한다는 것이었다.

'차세대 인간중심조명 디지털 시스템'은 개발해야 할 기술의 핵심 요소이다. 외부 전문가의 의견과 한국산업기술기획평가원, 한국과학기술기획평가원에서 조사한 내용으로 조명기술의 글로벌 수준을 파악하였다. 그 결과, 유럽과 미국 등 선진국을 중심으로 인간중심조명의 수요가 커지고 있다고 판단하였다. 또한, 조명은 제품과 서비스가 결합한 시스템으로 제공되는 것이 중요했다. 빌딩관리시스템(BMS, Building Management System)이 그 예이다.

마지막으로 '실증'은 기대결과 또는 기대효과이다. 과제를 통한 기술개발이 요소 기술개발에 머무르지 않고 실제 해외시장 진출 및 매출로 이어질 가능성을 보여달라는 것이다. 이 경우 신청자는 단순히 실증 환경 조성과 계획만을 수립하는 것으로는 안 된다. 평가위원들이 실증과 관련하여 사업화 가능성을 염두에 두고 많은 질문을 하기 때문이다. 해외 진출이 목표인데 실증을 국내에서 진행한다거나, 타겟고객(국가 포함)과는 다른 실증 환경을 구축하는 것은 결과의 효과성을 잘 보여주지 못하는 사례이다.

또한, 이 과제를 공지할 때 기술성숙도(TRL, Technology Readiness Level)를 '[시작] 4단계 [종료] 8단계'로 공지하였다. 기술개발을 종료했을 때 TRL 8단계라는 것은, 시제품을 인증하는 실용화 단계를 의미한다. 보통 R&D는 TRL을 3~7단계로 설정한다. 그런데 8단계로 설정했다는 것은, 그만큼 해외시장 진출을 위한 사업화 준비가 시급하다는 것을 보여준다.

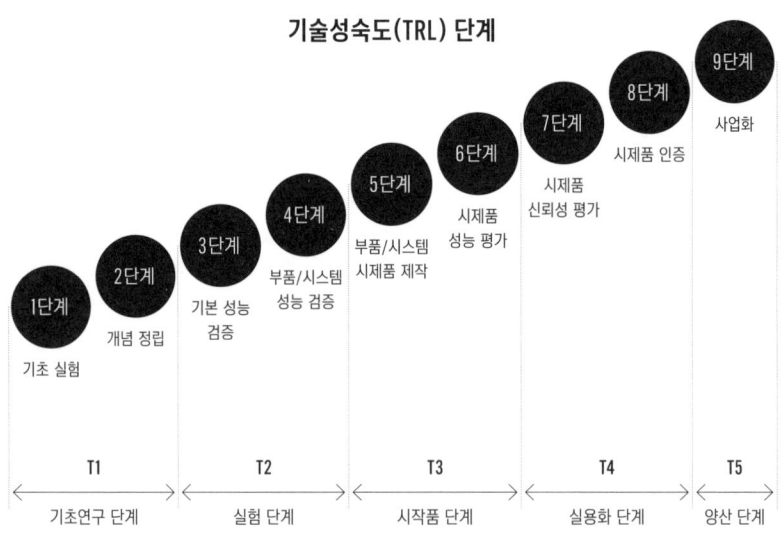

출처: 한국산업기술기획평가원 홈페이지

(2) 개념 및 개발내용 읽는 법

개념은 제목을 좀 더 자세히 설명한 글이다. 개념을 자세하게 읽으며 제목을 다시 한번 확인하면 좋다. 앞선 예시의 개념은 다음과 같다.

> 인간중심조명 글로벌 시장 진출을 위해
> 인공광의 한계를 극복하고 사람의 신체 반응(건강, 웰빙)에
> 최적화된 광(光) 구현이 가능한
> 디지털 조명기구, 시스템, 서비스 기술개발 및 실증.

개발내용은 기술개발 요소를 상세히 소개한 글이다. 개발내용에서 언급한 기술 항목들을 기획서에 자세히 작성할 필요가 있다. 하지만 단순히 내용을 충실히 작성하는 것만으로는 안심할 수 없다. 왜냐하면 이것은 경쟁이기 때문이다. 과제 목표를 더 잘 이해하고, 개발내용을 더 잘 정의하여 작성하고, 실증과 사업화 계획을 더 잘 수립한 것은 누구인지가 중요하다.

정부R&D과제 공고문은 모두에게 똑같이 알려진다. 그러니 기획서를 더 잘 준비하려면 고객, 경쟁 기업, 시장 등에 대해 더 확장된 지식을 갖추어야 할 것이다.

(3) 지원기간, 예산, 추진체계 읽는 법

정부R&D과제는 연구개발기간, 정부지원연구개발비, 주관연구개발기관의 정의, 기술료 징수 여부 등을 유심히 봐야 한다.

먼저 연구개발기간은 전체 연구개발 진행 기간을 의미한다. 일반적으로 정부R&D과제는 3~5년, 정부지원과제는 1년이다. 정부R&D과제는 보통 2월 과제 공고, 3월 계획서 접수, 4월 평가 및 협약 체결을 한다. 예를 들어 연구개발기간이 33개월인 과제는 1차년도 9개월, 2차년도 12개월, 3차년도 12개월로 한다. 이때 1차년도 9개월은 4~12월에

해당한다. 하지만 선정 평가 후 협약 완료 시점은 보통 5월 중순이므로 1차년도에 과제를 수행할 수 있는 실제 기간은 8개월이 채 되지 않는다. 즉, 1차년도에 너무 많은 과업을 정의하면 나중에 어려움에 처할 수 있으므로 적정하게 안분하는 것이 중요하다.

정부지원연구개발비는 전체 과정에서 정부가 지원하는 금액을 의미한다. 하지만 어떤 과제도 정부가 전체 연구개발비의 100%를 지원하지는 않는다. 반드시 기업의 자기부담금이 있다. 정부R&D과제의 경우, 정부지원연구개발비 비율은 연구개발기관 및 연구개발과제 유형에 따라 달리 적용한다.

아래는 원천기술형과 혁신제품형의 자기부담금 비율이다. 원천기술형을 기준으로 보면, 중소기업은 해당 연구개발비의 25% 이상을 부담해야 한다(정부지원금이 75% 이하므로 기업 자기부담금은 25% 이상이어야 한다). 중견기업은 30% 이상, 중소중견기업이 아닌 기업(대기업)은 50% 이상을 부담해야 한다. '그 외'는 주로 해외에 있는 기업, 대학교, 연구소 등을 의미하며 필요 시 자기부담금을 별도로 책정할 수 있다.

연구개발기관·연구개발과제 유형별 정부지원연구개발비

연구개발기관 유형	연구개발과제 유형	
	원천기술형	혁신제품형
중소·중견기업이 아닌 기업	해당 연구개발기관 연구개발비의 50% 이하	해당 연구개발기관 연구개발비의 33% 이하
중견기업	해당 연구개발기관 연구개발비의 70% 이하	해당 연구개발기관 연구개발비의 50% 이하
중소기업	해당 연구개발기관 연구개발비의 75% 이하	해당 연구개발기관 연구개발비의 67% 이하
그 외	해당 연구개발기관 연구개발비의 100% 이하	해당 연구개발기관 연구개발비의 100% 이하

자기부담금 계산 시에는 유의할 사항이 있다. 정부지원금이 10억 원일 경우, 중소기업은 '25% 이상 자기부담'만 생각해 2억 5천만 원의 자기부담금이 발생한다고 착각할 수 있다. 하지만 이렇게 계산하면 전체 연구개발비가 12억 5천만 원이 되고, 2억 5천만 원은 전체 연구개발비의 20%밖에 되지 않는다. 기준에 미달하는 것이다. 자기부담금/(정부지원금+자기부담금)이 25% 이상이어야 한다. 그러므로 올바른 계산식은 다음과 같다.

$$자기부담금(x) = \frac{정부지원금}{(100\% - 25\%)} - 정부지원금$$

결국 정부지원금이 10억 원일 경우, 기업의 자기부담금은 333,333,333원 이상이 되어야 한다. 그러므로 기술개발비 총액(정부지원금+자기부담금의 합)은 1,333,333,333원이 된다.

연구개발수행기관의 자기부담금 가운데에는 현금부담비율 기준도 있다. 연구개발비 통장에 기업이 입금해야 하는 금액이다.

연구개발기관 유형별 자기부담금 중 현금부담비율

연구개발기관 유형	연구개발과제 유형
	원천기술형·혁신제품형 공통
중소·중견기업이 아닌 기업	해당 연구개발기관 기관부담연구개발비의 15% 이상
중견기업	해당 연구개발기관 기관부담연구개발비의 13% 이상
중소기업	해당 연구개발기관 기관부담연구개발비의 10% 이상
그 외	필요시 부담

'주관연구개발기관'은 중소·중견기업, 비영리기관, 제한없음 등으로 표기된다. 주로 중소·중견기업으로 지정한다. 가끔 비영리기관으로 지정하는 경우는 과업의 특수성과 공익성을 고려해서다. 대체로 개별 기업이 비즈니스 모델을 구현하기 어려운 과제로, 산업 기반이나 생태계 조성을 위한 기술, 표준화 관련 과제가 해당한다. 제한없음은 기업, 공공기관, 연구소, 대학교 산학협력단 등 모든 기관에 기회를 개방하는 것이다. 대부분 과제 해결을 위한 창의적인 아이디어가 많이 요구되는 경우이다.

'기술료 징수'는 기술개발을 위한 과제 종료 후 사업화 추진 및 매출이 발생하면 일정 성과를 정부에 납부하는 것이다. 정부과제는 기술개발의 일종의 마중물이므로 이를 통해 성공한 기관은 다음 과제를 위한 재원을 일정 부분 분담하는 개념이다. 기술료는 현금으로 납부한다.

기술료는 아래와 같은 상한을 가지고 있다.

기술료 상한

연구개발기관 유형	기술료 상한
중소기업	정부지원연구개발비의 10%
중견기업	정부지원연구개발비의 20%
중소·중견기업이 아닌 기업	정부지원연구개발비의 40%

기술료 납부 방식은 2가지가 있다. 하나는 기술료 상한액을 기준으로 납부하는 방식이다. 이때는 통상 1회 납부한다. 두 번째는 기술개발 관련 매출액과 수익을 기준으로 납부하는 방식이다. 이때는 '기술료를 처음 징수한 날이 속한 해 다음 해부터 5년이 되는 날' 또는 '연구개발과제가 종료된 날로부터 7년이 되는 날' 중 먼저 도래하는 날까지 매년 납부한다. 이때에도 연구개발기관의 유형에 따른 기술료 상한을 적용한다.

매출액 기반 기술료 산정 기준

연구개발기관 유형	연구개발성과를 직접 실시한 경우 기술료 산정 기준
중소기업	매출액 × 기술기여도 × 5%
중견기업	매출액 × 기술기여도 × 10%
중소·중견기업이 아닌 기업	매출액 × 기술기여도 × 20%

출처: 산업통상자원부 고시 제2024-071. 2024.4.16.

　많은 기업이 기술료 상한액을 기준으로 1회 납부를 선호한다. 매출에 따른 번거로운 기술료 계산을 피하기 위해서이다.

　이번 장에서는 제안요청서를 제대로 읽는 법을 알아보았다. 이어지는 실습으로 제안요청서 읽는 법을 복습해 보자.

실습 1

한국산업기술기획평가원 품목지정 RFP 일반형 과제 공고문
(2025.5.30.)

품목지정 RFP 일반형

품목번호	2025-P00178-확정-003	산업기술 분류	중분류 I	중분류 II
개발형태	☐ 원천기술형 ☑ 혁신제품형		고분자재료	
혁신도전형	☐ 세계최초 ☑ 세계최고 ☐ 해당없음			
초격차프로젝트	분야	핵심소재		
	미션	탄소중립 공정·소재 개발		
	프로젝트	탄소중립형 친환경 소재 (화이트바이오 / 생분해 / 리사이클) 개발		
연계유형	☐ BI 연계 ☐ IP R&D연계 ☐ 디자인연계 ☐ 표준연계 ☑ 해당없음			
특성분류	☐ 경쟁형과제 ☐ 복수형과제 ☐ 국가핵심기술 ☐ 국제공동 ☐ 대형통합형			
	☐ 민간투자연계형 ☐ 서비스형 ☐ 안전관리형 ☐ 원스톱형 ☐ 유연 컨소시엄			
	☐ 챌린지형 과제 ☐ 초고난도 과제 ☑ 탄소중립 ☐ 핵심전략기술 ☐ 보안과제			
ESG	☑ E ☐ S ☐ G ☐ 해당없음			
R&D 자율성트랙	☐ R&D 자율성트랙(일반) ☐ R&D 자율성트랙(지정)			
품목명	고품위 플라스틱 소재 확보를 위한 AI 활용 폐플라스틱 고효율 선별공정 개발			
	(TRL : [시작] 4단계 [종료] 7단계)			

1. 개념 및 개발내용

♦ 핵심 목표 : 올레핀계 (PE, PP), PS, PET 기준 선별을 90% 이상 (세계최고)
♦ 1) 시험 환경 : 인식 및 선별이 완료된 플라스틱 폐기물 선별라인에서 실제 목표로 하는 플라스틱 외의 다른 소재가 포함된 비율의 무게를 기준으로 산정
♦ 2) 시험 환경 : PE, PP는 올레핀계로 통합하여 활용 예정으로 별도 선별하지 않음

☐ 개념
  ○ 재활용 플라스틱 의무사용 비율 규제에 대응하여 국내 플라스틱 폐기물의 분류 및 재활용을 효율화 하기 위한 기술로서, 1) 플라스틱 폐기물의 재질 인식 및 분류기술 고도화, 2) 수작업으로 미분류된 플라스틱 잔재물에 대한 파일럿 스케일의 자동화 분류 공정기술 설계 및 제작, 3) 파일럿 스케일 분류 라인과 생산된 재활용 플라스틱 대한 신뢰성 평가 및 운영 노하우 확보
  - 특히, 신차 제작 시 재활용 플라스틱 사용과 더불어 폐차 유래 재활용 플라스틱을 사용토록 하는 신 ELV규제 발의가 예정됨에 따라 폐자동차 유래 플라스틱 (PP 등) 선별과 국제 플라스틱 협약에서 핵심관리 대상 품목으로 논의 중인 해양 부표용 소재 폴리스티렌 관련 선별 기술개발이 필요한 상황
  ● 폐기물에 대한 1차 선별은 대체로 수작업으로 이루어지며 대체로 40% 이상의 잔재물은 대부분 수거되지 않고 소각되어 에너지로 재활용되나 해당 비율은 유럽을 포함한 대부분의 국가에서 재활용으로 인정되지 않음
  ● 플라스틱의 분류를 위한 폐기물에 대한 성분 인식은 영상/사진 분석, NIR, Mid-IR을 포함한 분광학기반 등 다양한 기술의 종합적 분석을 통해 이루어질 수 있음

- 인식 및 선별이 완료된 플라스틱 폐기물 선별라인에서 실제 목표로 하는 플라스틱 외의 다른 소재가 포함된 비율을 기준으로 선별율을 제시하여야 함

☐ 개발내용
- ㅇ 생활계 플라스틱 폐기물에 대한 지역별 계절별 배출양상 분석, 분류대상 폐기물에 대한 형상 및 소재 비율통계 데이터베이스화
- ㅇ 플라스틱 선별 고도화 및 자동화를 위한 파쇄, 세척 등 전처리 기술 최적화
- ㅇ 물질수지 기반 수학적 모델과 개별이산요소법 적용을 통한 플라스틱 재질별 파쇄 특성 분석 및 공정 최적화
- ㅇ Mid-IR 분석을 통한 플라스틱 재질별 제품별 폐기물에 대한 데이터베이스 확보
- ㅇ 다양한 광학분석 데이터베이스에 기반한 플라스틱 재질 인식 AI알고리즘 개발
- ㅇ 플라스틱 잔재물에 대한 파일럿 스케일의 AI 기반 자동화 선별라인 설계
- ㅇ 파일럿 스케일 선별라인의 설치 위치 및 용량에 따른 환경영향 및 규제 요소 설계안에 반영 필요
- ㅇ 파일럿 설비 용량과 연계한 폐플라스틱 세척 폐수 처리계획 제시 필요
- ㅇ 파일럿 라인 제작 및 운영을 통한 효율성 검증 및 운영 노하우 확보
- ㅇ 선별된 올레핀계, PS, PET에 대한 수요기업을 통한 활용 타당성 검증 필요

연구개발계획서 제출시 다음의 항목의 정량적 목표치 및 상용화 수준 제시 필수
광학기반 인식기술 및 인식율 (%), 파일럿 스케일 선별라인의 선별율 (%), 선별용량 (ton/day)

2. 지원 필요성

☐ 지원필요성
- ㅇ (정책적 측면) 기후변화 대응의 일환인 '2050년 탄소중립' 달성을 위해 산업 내 순환 경제 체제를 마련하고자 전 세계는 자국 내 플라스틱 사용을 규제하는 정책을 적극적으로 시행하고 폐플라스틱 재활용 시설에 대한 투자를 늘리고 있음. 국내에서도 플라스틱 생산자 책임 재활용 제도를 시행 중이나 소비자 배출에서 재활용 처리체까지의 연계가 부족하고 체계적인 선별과 재활용 기술 인프라가 부족한 상황으로 재활용소재 의무적용비율 적용 등 규제에 대응하기 위해 정책적 지원이 필요한 상황
- ㅇ (기술적 측면) 세계적으로 플라스틱 선별은 주로 수작업에 의존하고 있으며 이를 자동화하기 위한 기술로 자동 분리선별을 위해서 비중선별, 정전선별, 레이저 선별, 색상 선별 등 이미 개발된 다양한 선별 기술들이 존재하지만, 한 가지 기술만을 이용해서 완벽하게 선별하기에는 여전히 어려움이 존재하여 이를 환경과 배출되는 폐기물의 특성에 맞게 복합적으로 적용하여 설계하는 기술적 노하우가 필요하므로 설비업체와 운영업체 및 지자체의 협업을 필요로 함. 특히 폐플라스틱의 분류작업에 있어 블랙 플라스틱 문제를 해결하기 위한 Mid-IR 센서 및 이를 활용한 분석 기술의 가능성이 가시화됨에 따라 관련기술의 국산화가 시급
- ㅇ (시장적 측면) 전 세계 재활용 플라스틱 시장 규모는 2022년에 476억6000만 달러(약62조 8000억원)로 평가되고 있으며, 2023년부터 2030년까지 복합 연간 성장률 (CAGR) 4.9%를 나타낼 것으로 예상되나 순환 경제 실현을 위한 플라스틱 규제 강화는 국가별 정책을 넘어서 국제협약으로 가시화되어 전 세계 시장변화에 큰 영향을 미치는 것을 고려한 결과로 예상되므로 국내 폐플라스틱 재활용기업의 기술혁신을 통한 역량강화를 통해 대응할 수 있도록 지원이 필요함
- ㅇ (사회적 측면) 21년 기준 국내 플라스틱 제품 수출액은 28억달러로 전 세계 플라스틱 4위 수출국으로 국내 고용과 경제에 기여하는 바가 매우 큰 산업이나 유럽을 포함한 세계 주요 국가가 플라스틱 규제를 강화하면서

한국의 수출경쟁력에 영향이 불가피해졌음. 여기에 한국은 OECD 국가중 1인당 플라스틱 배출량 2위를 차지하고 있으며 플라스틱 폐기물을 개발도상국에 수출하는 등 국제적으로 비난받을 소지가 높아 재활용 소재 활용율을 강화를 통해 산업을 보호하고 국제적 인식도 개선할 필요가 있음

3. 활용분야

□ 활용분야
- ○ 개발된 선별기술은 1차 선별 후 소각처리되던 잔재물 처리에 적용하여 플라스틱 재활용율을 제고하고 소재 확보를 통해 재활용 소재 의무적용 규제 대응에 활용
  - 수거된 올레핀계 플라스틱, PS 및 PET 소재는 기계적 재활용을 포함한 다양한 재활용 공정을 통해 다양한 산업용 소재로 재활용

4. 지원기간/예산/추진체계

- ○ 연구개발기간 : 42개월 이내 (1차년도 개발기간 : 6개월, 2~4차년도 : 각 12개월)
- ○ 정부지원연구개발비 : '25년 3억원 이내(총 정부지원연구개발비 60억원 이내)
- ○ 주관연구개발기관 : 중소·중견기업
- ○ 기술료 징수여부 : 징수

과제명 읽는 법

한국산업기술기획평가원 과제명은 다음과 같다.

품목명	고품위 플라스틱 소재 확보를 위한 AI 활용 폐플라스틱 고효율 선별공정 개발
	(TRL : [시작] 4단계 [종료] 7단계)

고품위 플라스틱 소재 확보를 위한	AI활용	폐플라스틱 고효율 선별공정 개발
목표, 지향점	**기술개발의 요소**	**기대결과 및 개발 효과**

먼저 목표와 지향점은 '고품위 플라스틱 소재 확보'이다. 고품위라고 하면 통상 고성능 플라스틱을 의미할 것 같지만, 여기서는 조금 다른 의미로 사용되었다. 즉, 여러 종류의 플라스틱이 혼합된 상태(저품위)와 달리 폐플라스틱을 잘 선별 및 분류하여 한 가지 수지(PE, PP, PET 등)로만 모은 상태를 의미한다. 이렇게 단일 재질로 확보한 플라스틱은 재생 시 품질 저하가 적고, 순환이 가능하며, 고부가가치 제품으로 다시 사용할 수 있다는 점에서 고품위라고 부르고 있다.

기술개발 요소는 'AI를 활용'하도록 명시하였다. 이것은 이후 제시한 개발내용과도 연계된 사항으로, 폐플라스틱을 분류하는 핵심 기술요소로 AI 알고리즘을 개발 및 적용하도록 하는 것이다. 폐플라스틱을 분류하는 다양한 방법이 있겠지만, 과제 기획서를 작성하는 사람은 가장 우선적으로 AI알고리즘을 개발해야 한다는 것을 알아야 한다.

기대결과로는 폐플라스틱 파쇄, 세척 등의 전처리와 파쇄된 플라스틱의 분류, 자동화 라인 설계, 세척 후 폐수 처리, 효율성 검증 및 운영 노하우 등 전체적인 공정을 개발해야 함을 알 수 있다.

'TRL: [시작] 4단계 [종료] 7단계'는, 부품·시스템 성능 검증을 거쳐, 최종적으로 시제품의 신뢰성 평가까지 완료해야 한다는 것을 의미한다. 한 줄의 제목에서 이렇게 많은 정보를 확인할 수 있다.

개념 및 개발내용 읽는 법

□ 개념
○ 재활용 플라스틱 의무사용 비율 규제에 대응하여 국내 플라스틱 폐기물의 분류 및 재활용을 효율화 하기 위한 기술로서, 1) 플라스틱 폐기물의 재질 인식 및 분류기술 고도화, 2) 수작업으로 미분류된 플라스틱 잔재물에 대한 파일럿 스케일의 자동화 분류 공정기술 설계 및 제작, 3) 파일럿 스케일 분류 라인과 생산된 재활용 플라스틱 대한 신뢰성 평가 및 운영 노하우 확보
- 특히, 신차 제작 시 재활용 플라스틱 사용과 더불어 폐차 유래 재활용 플라스틱을 사용토록 하는 신 ELV규제 발의가 예정됨에 따라 폐자동차 유래 플라스틱(PP 등) 선별과 국제 플라스틱 협약에서 핵심관리 대상 품목으로 논의 중인 해양 부표용 소재 폐폴리스티렌 관련 선별 기술개발이 필요한 상황
* 폐기물에 대한 1차 선별은 대체로 수작업으로 이루어지며 대체로 40% 이상의 잔재물은 대부분 수거되지 않고 소각되어 에너지로 재활용되나 해당 비율은 유럽을 포함한 대부분의 국가에서 재활용으로 인정되지 않음
* 플라스틱의 분류를 위한 폐기물에 대한 성분 인식은 영상/사진 분석, NIR, Mid-IR를 포함한 분광학기반 등 다양한 기술의 종합적 분석을 통해 이루어질 수 있음

개념은 과제명을 보다 자세히 풀어서 설명한 것이다. 개념을 자세히 읽어보면 과제명의 의미를 다시금 확인할 수 있다.

□ 개발내용
○ 생활계 플라스틱 폐기물에 대한 지역별 계절별 배출양상 분석, 분류대상 폐기물에 대한 형상 및 소재 비율통계 데이터베이스화
○ 플라스틱 선별 고도화 및 자동화를 위한 파쇄, 세척 등 전처리 기술 최적화
○ 물질수지 기반 수학적 모델과 개별이산요소법 적용을 통한 플라스틱 재질별 파쇄 특성 분석 및 공정 최적화
○ Mid-IR 분석을 통한 플라스틱 재질별 제품별 폐기물에 대한 데이터베이스 확보
○ 다양한 광학분석 데이터베이스에 기반한 플라스틱 재질 인식 AI알고리즘 개발
○ 플라스틱 잔재물에 대한 파일럿 스케일의 AI 기반 자동화 선별라인 설계
○ 파일럿 스케일 선별라인의 설치 위치 및 용량에 따른 환경영향 및 규제 요소 설계안에 반영 필요
○ 파일럿 설비 용량과 연계한 폐플라스틱 세척 폐수 처리계획 제시 필요
○ 파일럿 라인 제작 및 운영을 통한 효율성 검증 및 운영 노하우 확보
○ 선별된 올레핀계, PS, PET에 대한 수요기업을 통한 활용 타당성 검증 필요

연구개발계획서 제출시 다음의 항목의 정량적 목표치 및 상용화 수준 제시 필수
광학기반 인식기술 및 인식율 (%), 파일럿 스케일 선별라인의 선별율 (%), 선별용량 (ton/day)

개발내용은 연구개발계획서의 목차와 구성을 통해 구체적으로 개발해야 하는 사항을 명시한 것이다. 앞에서도 설명하였듯이 개발내용의 각 항목이 기획서의 목차 또는 전체 내용에서 꼭 드러나도록 구성되어야 한다.

개발내용에 있는 사항 가운데 하나라도 빠지면 평가위원들로부터 해명을 요구하는 질문을 받을 수 있다. 또한, 정량평가 항목과 사전 정의된 평가 방법에 유의해야 한다. 이 과제의 경우 광학기반 인식기술 및 인식률(%), 파일럿 스케일 선별라인의 선별율(%), 선별용량(ton/day) 3가지 항목을 필수 정량평가 항목으로 지정하고 있다. 정량평가 항목 구성 시 가장 우선해서 반영해야 할 사항이다.

지원기간/예산/추진체계 읽는 법

4. 지원기간/예산/추진체계
- 연구개발기간 : 42개월 이내 (1차년도 개발기간 : 6개월, 2~4차년도 : 각 12개월)
- 정부지원연구개발비 : '25년 3억원 이내 (총 정부지원연구개발비 60억원 이내)
- 주관연구개발기관 : 중소·중견기업
- 기술료 징수여부 : 징수

연구개발기간은 42개월 이내이며, 1차년도는 6개월, 2~4차년도는 각각 12개월이다. 정부지원연구개발비 총액은 60억 원이며 2025년도, 즉 1차년도 6개월에 3억 원의 정부지원금이 배정된다.

주관연구개발기관은 중소·중견기업이다. 즉, 대학교 산학협력단, 정부재정기관, 연구소 등은 주관연구개발기관이 될 수 없다. 앞서 설명했듯이 이것은 중소·중견기업이 자체기술 개발을 강화하고 이를 통해 산업경쟁력 강화와 사업화 추진에 더욱 주도적인 역할을 할 수 있게 하는 장려 또는 배려이다.

기술료를 징수한다는 것은 주관연구개발기관이 영리기업이므로 기술개발의 결과 발생하는 성과를 환급해야 함을 의미한다.

기업의 자기부담금 비율은 여기에는 표시되지 않았으나 RFP와 함께 공고하는 과제 공고문에 자세하게 안내하고 있다. 자기부담금은 주관연구개발기관 또는 공동연구개발기관 구분 없이 개별 조직의 유형과 규모에 의해 결정된다.

실습 2 중소벤처기업부 창업성장기술개발사업 시행계획 공고문
(2025.4.30.)

중소벤처기업부 공고 제2025 - 288호

2025년도 창업성장기술개발사업 제2차 시행계획 공고

『2025년도 창업성장기술개발사업』 제2차 시행계획을 다음과 같이 공고 하오니, 동 사업에 참여하고자 하는 중소기업은 안내에 따라 신청하시기 바랍니다.

2025년 4월 30일
중소벤처기업부 장관

- 주의 사항 -

□ 창업성장기술개발사업 시행계획 공고의 주의 사항을 반드시 확인하여 주시기 바랍니다.

1. 2차 공고 사업은 아래와 같습니다.

내역사업	세부과제		공고	신청·접수	선정평가	협약
디딤돌	도약	여성참여활성화 R&D	4월	5월 15일 ~ 5월 30일	6~7월	7월
		글로벌 R&D				
	연계지원	초격차 R&D				
		민관협력이 R&D				
		부처연계 R&D				
		소부장 R&D				

2. 중소기업은 주관연구개발기관으로 동일 모집차수에 1개의 세부과제만 신청 가능
3. 신청자격 및 가점 증빙 서류 등 신청서류 일체는 접수마감일 이후 추가제출 불가
4. 신청마감일 마감 시간(18시) 내 신청을 완료하지 못한 경우 제출이 불가하며, 전문기관 평가대상에서 제외 처리되므로 유의하시기 바랍니다.

1. 사업 개요

□ (사업목적) 창업기업에 대한 전략적 R&D지원을 통해 기술기반 창업기업의 혁신성장 촉진 및 창업 강국으로의 도약을 위한 기술개발 지원

□ (지원규모(2차)) 총 71억 원, 110개 내외

□ (지원대상) 「중소기업기본법」 제2조에 따른 중소기업 중 업력 7년 이하이고, 최근년도 매출액 20억 원 미만인 기업

2. 주요변경 또는 개선사항

구 분		시행 계획 주요 변경 사항	
		'24년도	'25년도
지원조건 완화		• (공통사항) 업력 7년 이하, 매출액 20억 원 미만 중소기업	• (공통사항) 업력 7년 이하, 매출액 20억 원 미만 중소기업 • 단, 신산업 창업분야 기업의 경우 업력 10년 이하로 예외 적용 [참고 1] 참조 (근거: 「창업지원법」 제25조 제4항)
지원규모 확대		• 최대 1년, 최대 1.2억 원 지원	• 최대 1년 6개월, 최대 2억 원 지원
가점적용		-	• K-뷰티 관련 가점사항(1점) 추가
기 타 사 항	동시수행 과제 수	-	• (동시수행) 동시 수행 가능한 과제 수는 1개 까지만 가능(졸업제 예외 사업까지 최대 2개까지 가능) * 수행 중인 과제 수 산정은 '**25년 협약 과제부터 적용**하며 적용 제외 사업 및 수행 과제 수 산정 기준은 반드시 [별첨 1-1] 참조
	보안등급 분류	-	• (보안등급분류) 연구개발기관에서 신청하고자 하는 연구개발과제에 대한 보안과제 여부를 자체 점검 후 신청(필수) [별첨 1-2] 참조

3. 세부 지원내용

☐ **(지원내용)** 연구개발비의 75%이내

내역 사업	개발기간 및 지원한도	정부지원 연구개발비 비중*	지원방식
디딤돌	최대 1년 6개월, 2억 원 이내	75% 이내	자유공모

* 기관부담연구개발비 : 연구개발비의 25%이상 부담하여야 하며, 전체 기관부담연구개발비 중 10%이상은 현금으로 부담

□ (지원규모(2차)) 71억 원 내외(110개 과제 내외)

구분	세부과제		지원대상	지원과제 (지원예산)
도약	여성참여 활성화		여성기업*, 경력단절여성 채용기업**, 여성연구자 중심*** 중소기업 * 여성기업 확인서 보유기업(유효기간 필수 확인) ** 접수마감일 기준 3년 이내 채용한 경력단절여성이 종사 중인 기업(경력단절 여성 건강보험 자격취실 확인서, 혼인·임신·출산·육아와 가족구성원의 돌봄 또는 근로조건 등 관련 증빙 필수 확인) *** 과제 참여연구원 중 여성 비율이 50% 이상인 기업	20개 (13.3억 원)
	글로벌 R&D		제한된 국내시장이 아닌 세계시장 진출을 목적으로 글로벌 진출 계획을 보유한 중소기업	40개 (26.6억 원)
	연계 지원	초격차 연계 R&D	독보적인 기술 『10대 초격차 분야』을 보유하여 초격차 스타트업 1000+프로젝트에 선정된 기업 중 창업진흥원으로부터 추천받은 중소기업	25개 (16.6억 원)
		민관협력 OI연계 R&D	스타트업과 수요기업의 협업(민관협력OI 플랫폼)을 통해 발굴된 기업 중 창업진흥원으로부터 추천받은 중소기업	5개 (3.3억 원)
		부처연계 R&D	과기부 연구개발특구진흥재단의 이노폴리스 캠퍼스 기술창업 지원사업을 통해 연계 추천받은 중소기업	10개 (6.6억 원)
		소부장 R&D	소재·부품·장비 분야를 중심으로 R&D를 희망하는 중소기업	10개 (4.9억 원)

과제명 읽는 법

중소벤처기업부에서 공고한 제목은 창업성장기술개발사업이다.

내역사업	세부과제		공고	신청·접수	선정평가	협약
디딤돌	도약	여성참여활성화 R&D	4월	5월 15일 ~ 5월 30일	6~7월	7월
		글로벌 R&D				
	연계지원	초격차 R&D				
		민관협력 OI R&D				
		부처연계 R&D				
		소부장 R&D				

중소벤처기업부에서 공고한 창업성장기술개발사업은 '디딤돌'이라는 내역사업명에 근거하여 6개의 세부과제로 분류하고 있다. 통상 세부과제로 분류하고, 세부과제에 따라 지원자격을 제한하거나 영역을 명시하는 과제는 개별 기업의 발전을 위한 과제로 볼 수 있다. 과제명은 ○○ R&D이지만 개별 기업의 발전과 성장을 지원하는 데 조금 더 중점을 두었다고 볼 수 있다.

개념 및 개발내용 읽는 법

구분	세부과제		지원대상	지원과제 (지원예산)
도약	여성참여 활성화		여성기업*, 경력단절여성 채용기업**, 여성연구자 중심*** 중소기업 　* 여성기업 확인서 보유기업(유효기간 필수 확인) 　** 접수마감일 기준 3년 이내 채용한 경력단절여성이 　　 종사 중인 기업(경력단절 여성 건강보험 자격득실 　　 확인서, 혼인·임신·출산·육아와 가족구성원의 　　 돌봄 또는 근로조건 등 관련 증빙 필수 확인) 　*** 과제 참여연구원 중 여성 비율이 50% 이상인 기업	20개 (13.3억 원)
	글로벌 R&D		제한된 국내시장이 아닌 세계시장 진출을 목적으로 글로벌 진출 계획을 보유한 중소기업	40개 (26.6억 원)
	연계 지원	초격차 연계 R&D	독보적인 기술 『10대 초격차 분야』을 보유하여 초격차 스타트업 1000+프로젝트에 선정된 기업 중 창업진흥원 으로부터 추천받은 중소기업	25개 (16.6억 원)
		민관협력 OI연계 R&D	스타트업과 수요기업의 협업(민관협력OI 플랫폼)을 통해 발굴된 기업 중 창업진흥원으로부터 추천받은 중소기업	5개 (3.3억 원)
		부처연계 R&D	과기부 연구개발특구진흥재단의 이노폴리스 캠퍼스 기술창업 지원사업을 통해 연계 추천받은 중소기업	10개 (6.6억 원)
		소부장 R&D	소재·부품·장비 분야를 중심으로 R&D를 희망하는 중소 기업	10개 (4.9억 원)

이 과제는 세부과제 분류 자체가 목적이고 지향점임을 알 수 있다. 글로벌 R&D과제의 경우, 세계시장 진출을 목적으로 글로벌 진출 계획을 보유한 중소기업이 지원 대상이다. 이런 경우 유통, 마케팅, 글로벌 협력 체계, 물류 등의 용도로 정부지원금을 사용한다.

지원기간 / 예산 / 추진체계 읽는 법

□ **(지원내용)** 연구개발비의 75% 이내

내역 사업	개발기간 및 지원한도	정부지원 연구개발비 비중*	지원방식
디딤돌	최대 1년 6개월, 2억 원 이내	75% 이내	자유공모

* 기관부담연구개발비 : 연구개발비의 25%이상 부담하여야 하며, 전체 기관부담연구개발비 중 10%이상은 현금으로 부담

간략하게 작성된 지원내용이지만 중요 정보가 모두 담겨 있다. 개발기간은 최대 1년 6개월, 지원한도는 2억 원 이내 1회 지원이다. 정부지원금이 연구개발비의 75% 이내이므로 과제에 참가하는 기업에게는 25%의 자기부담금이 발생한다.

2장 요약

- 과제명에 담겨 있는 함축적인 정보를 자세히 분석하자.
- 개념과 개발내용에서 언급한 사항을 기획서의 목차와 내용에 자세히 반영하자.
- 지원기간, 예산 및 추진체계에서 언급한 제한사항을 꼼꼼히 확인하자.

항목	평가위원의 관점
과제 제목에의 충실성	목표, 기술개발의 요소, 효과를 잘 담고 있는가?
개발내용의 반영 여부	개발내용에서 언급한 사항들을 모두 포함하고 있는가?
지원기간, 추진체계	지원기간 및 예산 배분을 규정에 맞게 작성하였는가?

3장.

정부과제 기획서가 떨어지는
7가지 이유

1

문제정의가 없다

정부과제 기획서를 작성할 때 가장 첫 번째로 하는 실수는 문제정의가 모호하다는 것이다. 사업 배경이나 필요성 부분에서 '4차 산업혁명이 도래하고 있으며…', '최근 ESG의 중요성이 강조되며…'와 같이 일반론으로 시작하는 경우 평가위원은 이미 흥미를 잃는다. 기획서 첫 페이지에서 평가자가 알고 싶어 하는 것은 다음과 같다.

기획서 첫 페이지에서 평가자가 알고 싶어 하는 것
- 지금 무엇이 문제인지
- 누가 그 문제를 가지고 있는지
- 그 문제가 우리 회사(다른 회사, 사회, 국가)에 왜 중요한지
- 왜 정부의 예산을 투입해야 하는지

특히 정부의 예산을 투입해야 하는 이유는 다른 말로 '우리나라에 왜 중요한지'이며, 다른 표현으로는 '이 문제가 해결되지 않으면 국민들에게 어떤 피해가 발생하는지'이다. 앞서 언급했듯이 정부R&D과제는 국가 전략과 정책 목표 실현을 위한 것이기 때문이다.

또한 정부지원과제는 개별 기업 단위로 지원하는 사업이 많기 때문에 우리 회사가 가지고 있는 문제를 명확하게 정의하지 않으면, 소중한 정부 예산을 사용하는 당위성을 제공하지 못하여 지원받기 어렵

게 된다.

흔히 저지르는 실수로 기획서 도입부에 트렌드 소개만 담겨 있고, 실질적인 문제에 대한 설명이 없는 경우가 있다.

> **예시 1**
> ○○제품의 신규 시장 확장이 필요합니다.
> ↓
> 이 문장에는 문제정의가 없다. 신규 시장 확장은 해결책이 아니며 해결을 위한 일반적인 방향이다. '시장 확장이 안 되어 이를 해결해야 합니다'라고 작성하는 경우도 있다. 시장 확장이 안 되었다는 것은 문제가 아니라 현상일 따름이다. 시장 확장이 안 된 가장 중요한 이유가 문제정의로 제시되어야 한다.

> **예시 2**
> ○○작업장에서 현장 작업자의 안전사고 노출이 문제입니다.
> ↓
> 대상 고객이나 환경이 불명확하여 문제가 어디에서 어떻게 일어나는지 감이 잡히지 않는다. 누가 어떤 상황에서 무슨 어려움을 겪는지가 보이지 않는다.

이렇게 문제정의가 명확하지 않으면 전략이 있을 수 없으며, 기획서의 전체적인 방향이 모호하게 된다. 결국, 기술이나 해결책이 제시되어도 감동이 없다. 나아가 제시된 기술이 올바른 해결책인지 평가할 기준이 사라지게 되니 상상에 기반한 엉뚱한 해결책을 제시할 수밖에 없게 된다. 그 결과, 평가위원이 '왜 이것을 해야 하는가'라는 질문에 끝까지 답하지 못하게 된다.

설득력 있는 문제정의의 3요소

① 구체적인 상황 제시: ○○업계 A사는 재고 파악 오류율이 45%에 달합니다.
② 명확한 불편과 손실을 표시: 이로 인해 월 평균 2억 5천만 원의 손실이 발생하고 있습니다.

③ 적용 범위와 파급 효과 제시: 동일 업종의 62%가 유사한 문제를 가지고 있습니다.

명확한 문제정의를 위해서는 데이터와 사례 중심으로 작성하되, 그 안에 사람 즉, 주요 수요자의 이야기를 포함하면 훨씬 강력한 힘을 발휘한다.

바람직한 문제정의 예시

○○공단에 있는 중장비 제작업체에서는 아직도 현장 감독자가 업무 지시를 내릴 때 매일 아침 TBM을 활용하여 구두로 메시지를 전달합니다. 작업자 대부분은 방글라데시에서 온 외국인 근로자입니다. 당일 작업량과 작업 시간이 수시로 변경되는 상황이지만 효과적으로 소통할 방법이 없습니다. 이로 인해, 생산성이 타 공장 대비 60% 수준에 머무르고 불량률도 20%에 이릅니다. 감독자와 현장 작업자가 실시간으로 소통할 방법이 없는 것이 가장 큰 문제입니다.

무엇이 문제인지 평가위원을 설득하지 못하면, 그 이후에 제시하는 모든 전략과 개발하는 기술은 신뢰를 얻지 못하게 된다. 기획서의 가장 앞부분에서 문제를 제대로 정의하는 것, 그것이 기획서 통과를 위한 첫 관문이다.

2

기술이 목적이 되어버렸다

많은 기업이 정부과제 신청 시 기술 자체에 너무 몰입하는 실수를 한다. 기획서 전반에 걸쳐 인공지능, 블록체인, 디지털 트윈, 빅데이터, 전기차와 같이 사회적으로 많은 관심을 받는 키워드가 반복되어도 평가자가 진짜 궁금한 것은 '이 기술이 누구에게 어떤 가치를 주는가?'이다.

기술은 목적이 아니라 문제를 해결하는 도구여야 한다. 하지만 기술이 문서의 중심에 등장하면 기획서는 전문용어 백과사전처럼 느껴진다. 전형적인 기술 중심 기획서의 특징은 다음과 같다. 기술 설명이 과도하게 많고, 기술이 문제 상황과 연결되어 있지 않고, 경쟁사 분석 없이 우리 기술이 더 뛰어나다는 주장만 반복하고, 기술개발이 마치 목표 그 자체인 것처럼 서술하고, 고객과 시장, 현장 적용에 대한 언급 없이 기술 구현 성공만 강조하는 것이다.

평가위원이 기획서를 통해 알고자 하는 것
- 이 기술이 왜 필요한가?
- 이 기술이 어떤 불편을 줄여주는가?
- 이 기술이 어떤 문제를 해결하는가?
- 누가 이 기술의 혜택을 받는가?
- 이 기술은 기존 방식보다 무엇이 더 나은가?

기술의 디테일은 일부 전문 평가위원에게만 의미 있고, 대부분의 평가자는 그 기술이 얼마나 현실적이고 설득력 있는 시나리오 안에서 쓰이는가를 보고자 한다.

기술을 도구로 되돌리는 3단 구조

① 문제: A 업체는 재고 변동이 커서 손실이 발생하고 있다.
② 기술: 이를 해결하기 위해 실시간 IoT 센서를 활용해 데이터를 수집한다.
③ 가치: 결과적으로 수작업의 오류를 줄이고, 월 평균 30%의 재고 손실을 절감할 수 있다.

멋진 기술이 중요한 것이 아니다. 기술은 문제 해결과 가치 창출의 맥락 안에 놓일 때 비로소 설득력을 가진다. 기획서의 중심은 기술이 아니라 사용자, 맥락, 문제, 그리고 변화다.

3

전략 없이 형식만 채웠다

보통 정부과제 기획서에는 정해진 형식과 항목이 있다. 많은 신청자가 이 형식을 의무적으로 채우는 데에만 집중한다. 그러나 평가위원은 그 안에 일관된 전략과 흐름이 있는지를 주의해서 본다. 자주 보이는 오류는 다음과 같다.

자주 보이는 오류
- 각 항목을 따로 보면 그럴듯하지만, 함께 보았을 때 방향성이 부족하다.
- 기술과 시장이 연결되어 있지 않다.

예를 들어, AI를 활용하여 폐플라스틱 선별 공정을 개발하는데 목표 시장에 폐플라스틱 관련 시장 현황이나 구조 및 프로세스가 언급되지 않는다. 또는 기술개발 전략이 순차적으로 나열된 실행 로드맵에 핵심 성공요소(KSF), 자원 배분 구조, 리스크 대응 전략이 빠져 있다.

평가위원이 갖는 의문
- 결국 이 기업은 무엇을 중심으로 과제를 추진하겠다는 것일까?
- 이 전략의 성공 가능성이 높다고 볼 수 있을까?
- 어떤 차별화 포인트로 어디에 집중하겠다는 것일까?

형식에 전략을 입히는 3가지 질문

① 우리는 이 과제를 어떤 논리 구조로 설계했는가?
: '문제 → 해결 방법 → 구현 방법 → 효과'의 구조인가?

② 우리 전략의 핵심은 무엇인가?
: 어떤 기술, 어떤 고객, 어떤 시장에 집중하고 있는가?

③ 모든 항목이 하나의 메시지를 담고 있는가?
: 각 항목이 분절되지 않고 서로 연결되어 지지하고 있는가?

예시 1

전략 없이 목차에 따라 형식만 채운 경우

기술 개발은 3단계로 진행되며, 마케팅은 SNS를 활용하고, 기대효과는 매출 30% 증가입니다.

↓

전략적으로 구성한 경우

소상공인의 재고 관리 어려움을 해결하기 위해 AI 기반 자동 재고 예측 시스템을 3단계로 개발합니다. 재고 파악에 익숙하지 않은 소상공인을 타겟으로, 초기에는 수기 입력 지원, 이후 센서 연동, 최종적으로 POS 연계로 고도화합니다.

SNS를 통해 재고 부족·과잉 사례를 공유하고 사용법을 교육하여 고객 접근성과 이해도를 높입니다.

이처럼 금번에 개발하고자 하는 기술은 문제 – 해결 – 구현 – 확산이 유기적으로 연결되어 있으며, 이 기술을 도입하는 매장에서는 재고 손실이 50% 이상 줄고, 전년 대비 평균 매출이 30% 증가하는 효과를 기대할 수 있습니다.

전략이 흐름 있게 표현된 기획서를 제출해야 평가위원은 이 기업이 준비가 되어 있다고 판단한다. 형식은 가이드일 뿐, 선택과 집중이 녹아 있는 전략적 흐름이 핵심이다.

4

'왜 우리가 선정되어야 하는지'가 없다

많은 기획서가 문제와 해결책을 열심히 설명한다. 하지만 정작 중요한 것이 빠져 있을 때가 있다. 바로 '그 과제를 왜 우리가 해야 하는지'에 대한 이유다. 형식적으로 기업 소개는 넣지만, 기업의 존재 이유와 과제와의 연결성을 스토리로 풀어내는 경우는 드물다. 평가위원이 진짜 궁금한 것은 아래와 같다.

평가위원이 진짜 궁금한 것
- 이 기술, 다른 기업도 할 수 있지 않나?
- 이 아이디어, 이 컨소시엄이 꼭 해야 하는 이유가 있나?
- 이 기업이 과제를 수행할 준비가 정말 되어 있나?

> **나쁜 예시 1**
> ○○기업은 2015년 설립된 중소기업이며, 기술력과 열정을 바탕으로 성장해 왔습니다.
>
> 누구나 쓸 수 있는 내용이고, 실제로 모두가 작성하는 내용이다. 하지만 이 과제를 왜 우리가 해야 하는지는 보이지 않는다.

나쁜 예시 2

당사는 특허 3건, 매출 15억 원 규모의 회사입니다.

↓

단순한 스펙 나열이다. 매출액이 1,000억 원 이상의 회사라고 해도 과제와 연결하는 요소가 없으면 공허한 자랑에 지나지 않는다.

좋은 예시

당사는 지난 3년간 현장에서 ○○ 문제를 직접 다루어왔습니다. 그 과정에서 기존 솔루션의 한계를 반복적으로 확인했고 새로운 기술개발 및 관련 특허 3건을 등록하였습니다. 이번 과제는 저희가 축적한 데이터와 현장 경험을 바탕으로 개발한 기술을 적용하고 고도화하는 과정이 될 것입니다.

나만의 자격을 보여주는 3가지 키워드

① 경험: 이 문제를 다뤄본 이력이 있는가?
② 자산: 기술, 데이터, 네트워크 등 우리만 가진 것이 있는가?
③ 의지: 이 과제를 꼭 우리가 수행해야 할 당위성과 의지가 있는가?

기획서에는 반드시 주인공이 있어야 한다. 내가 이 과제의 적임자임을 증명하지 않으면, 그 과제는 누구의 것도 될 수 없다. 모든 기업이 위에서 언급한 3가지 자격을 모두 완벽히 갖추고 있지 않을 수 있다. 그러나 정부과제는 경합이다. 쉽지는 않겠지만 기업의 성과, 스펙, 역할을 하나의 스토리로 잘 엮어 평가위원을 설득하는 노력을 극대화해야 한다.

5

숫자와 스토리가 따로 논다

많은 사람에게 기획서를 작성할 때 숫자를 포함해야 한다는 강박이 있다. 그래서 수요 예측 그래프, 시장 규모 통계, 정량 목표 같은 숫자를 잔뜩 삽입한다. 하지만 숫자는 데이터일 뿐이다. 그 숫자가 어떤 맥락에서, 누구를 위해, 어떤 방향성을 보여주는지 설명되지 않으면 평가위원은 숫자에 설득되지 않는다.

예를 들어, '시장의 크기는 10조 원'이라고 했지만, 그 안에 우리 기업이 진입할 틈은 설명하지 않는다. '기대 성과는 매출 50억 원'이라고 하지만 그 수치가 어떤 근거에서 나왔는지에 대한 설명은 없다. 또는 정량 목표를 채우기는 했으나 이 과제의 전략과 연결이 안 되는 때도 있다. 이러한 기획서는 평가위원을 설득하기 어렵다.

숫자를 스토리로 연결하는 프레임이 따라야 하는 규칙
: 배경 설명 → 수치 → 해석 → 결론

| 좋은 예시

○○시장에 중소기업이 진입하기 어려운 이유로 전체 원가의 30%를 차지하는 물류 처리 비용을 꼽을 수 있습니다. 당사의 솔루션은 이 비용을 15% 이하로 절감할 수 있으며, 이에 따라 연간 5억 원 수준의 절감 효과가 기대됩니다.

↓

단순히 수치가 나열되는 것이 아니라, 이야기에 포함될 때 설득력과 깊은 인상을 준다.

숫자를 기재할 때 적용해야 할 3가지 핵심 원칙

① 숫자는 무엇이 중요한지를 말해주는 증거여야 한다.
② 숫자만 강조하지 말고, 숫자를 해석하는 문장을 써라.
③ 평가위원이 숫자만 보고 결론을 도출하게 하지 말고, 전하고 싶은 메시지를 함께 제시하라.

6

실행력이 보이지 않는다

아이디어와 전략이 멋지게 구성된 기획서를 보면서도 평가위원이 끝까지 고민하는 부분이 있다. 바로, '이 팀이 진짜로 이걸 할 수 있을까?'이다. 좋은 기획인데도 정부과제에 떨어지는 마지막 이유는, '실행 가능성에 대한 신뢰 부족'이다. 많은 기획서가 기술과 시장에 관해서는 상세히 설명하지만, 정작 그걸 수행할 사람과 조직, 자원, 시간표, 리스크 관리 계획은 분명히 제시하지 않는다.

평가위원이 보는 실행력의 5가지 요소

① 규모와 조직: 이 회사가 실제로 일할 수 있는 자원과 역량을 구비하고 있는가?
(매출, 인력)

② 사람: 이 일을 실제로 이끌고 해낼 핵심 인물은 누구인가?
(과제 책임자, 참여자 숫자)

③ 계획: 일정은 현실적인가? 단계별 목표와 지표는 명확한가?
(추진 일정)

④ 대응력: 문제가 생겼을 때 리스크에 대응할 준비가 되어 있는가?
(리스크 대응 조직)

⑤ 사업화 역량: 기존 매출 등을 고려할 때 계획한 매출을 일으킬 수 있는가?
(사업화 경험)

실행력이 없어 보이는 기획서의 전형

- 주관기관 또는 추진 회사의 매출이 너무 적음: 10억 원 이상의 정부지원금이 투입되는 과제의 경우 최소 매출액 기준은 지원금의 2배 이상이어야 한다.
- 회사 직원 수가 지나치게 적음: 대표자 또는 직원 1명이 과제에 참여한다.
- 팀원 명단은 있지만 역할 분담이 불분명함: 팀원의 전공과 과제 역할이 맞지 않는다.
- 기술, 사업 개발, 마케팅 등 필수 역량을 갖추지 못함: 참여 인력의 역량이 특정 업무에 치우쳐 있다.
- 일정표는 있지만 단계별 목표나 중간 점검 계획이 없음: 세부 추진 일정이 합리적이지 않다.

위의 사항들을 고려했을 때 실행력이 부족하다고 판단한 기획서 즉, 열심히 하겠다는 의지 표현만 있는 기획서를 평가위원은 신뢰하기 어렵다고 느낀다.

실행력을 강화하고 설득하는 방법 5가지

① 주관기관 또는 추진하는 회사를 선정할 때 일정한 매출 규모가 있는 회사를 선정한다.
: R&D과제의 경우 최소한 정부지원금의 2배 이상 매출액이 있는 회사
② 핵심 인력을 소개하고 포지션별 역할을 명확히 한다.
: 기술 개발은 CTO 김○○(10년 경력), 사업화는 전략실 박○○ 책임이 주도 등
③ 전체 과정 진행 로드맵에 중간 성과 지표를 포함한다.
: 1단계(6개월) 프로토타입 개발, 2단계(12개월) 테스트 진행 후 검증(성공률 80% 이하), 3단계(12개월) 실증 등
④ 외부 협력 파트너와의 협약서, MOU를 첨부한다.
: 실행을 증명하는 증거 제시 등
⑤ 리스크 관리 방안을 작성한다. (예상 외 문제에 대한 대응 방안, 백업 자원 등)
: 데이터 확보 지연 시, 보유한 유사 고객군 데이터를 1차 활용 등

좋은 기획서는 상상력을 자극하면서도 신뢰할 수 있는 실행 구조를 보여줘야 한다. 정부과제는 꿈을 실행할 수 있는 사람에게 주어지는 기회다. 그 근거가 기획서에 보이지 않으면, 좋은 아이디어도 리스크로 여겨질 수 있다.

7

모호한 기대효과

기획서의 마지막은 보통 기대효과로 마무리된다. 하지만 특히 이 부분이 가장 형식적이고 공허한 언어로 채워진다. '기술 자립도 향상에 기여', '일자리 창출과 수출 증대에 기여', '국가 산업경쟁력 강화에 이바지' 등이다.

'기대됨, 기여 예상, 파급 효과가 클 것' 등 모호하고 추상적인 단어의 나열로는 실현 가능성 판단이 불가능하다. 앞의 전략과도 연결되지 않고, 그저 정부가 듣고 싶어 하는 말만 나열한 것 같다. RFP에서 언급한 내용을 그대로 가져다 쓰기도 한다. 평가위원은 실현이 가능할 것 같은 기대치와 논리를 원한다. 시나리오와 근거에 기반한, 예측할 수 있는 미래를 원하는 것이다. 평가위원은 정확히 누구에게, 어떤 방식으로, 얼마의 효과가 나타나는지를 알고 싶어 한다.

> 예시 1
>
> 매출 20억 원
> → 어떤 제품이, 얼마의 가격으로, 얼마나 많이 팔려야 20억 원이 되는가?

> 예시 2
>
> 5명 일자리 창출
> → 어느 시점에, 어떤 정규직(또는 계약직) 일자리가 생기는가?

예시 3

해외 수출 확대

→ 언제, 어디에, 어떤 유통망(또는 채널)을 통해 수출하는가?

설득력 있는 기대효과 3단 구성 방법

① 측정 가능한 성과 지표(KPI)를 제시한다.
: 매출 15억 원, 거래처 40개, 고객 이탈률 5% 감소 등
② 실현 경로를 구체적으로 보여준다.
: 기존에 구축한 B2B 유통사 31곳을 통해 연차별로 확장(1년차 ○○곳, 2년차 ○○곳 등)
③ 우리 기업에 한정하지 않고 적용 범위를 확대하여 공공성과 파급력을 강조한다.
: ○○산업에 속한 기업 85%(○○○개)가 같은 문제를 안고 있어 신기술 적용 및 확산 가능성이 높음

기대효과는 전략의 '엔딩 크레딧'이다. 단순한 예측이 아니라, 이 과제를 통해 무엇이 바뀔 것인지를 말하는 선언문이다. 따라서 그럴듯한 단어를 사용하는 대신, 명확한 수치와 구체적 시나리오로 마무리해야 한다. 평가위원은 기대효과를 보고 최종 결정을 내린다. '그래서 정부는 왜 이 과제를 지원해야 하지?'라는 질문에 대한 설득이 마지막 페이지에서 끝나야 한다.

3장 요약

- 과제를 해야 하는 이유를 우리만의 새로운 용어로 제시하자.
- 개발하려는 기술을 통해 해결하려는 문제의 결과와 의미를 재정의하자.
- 목차의 모든 내용에 일관된 전략과 흐름이 있는지를 확인하자.
- 우리가 적임자임을 증명하는 경험, 자산, 의지 3가지 요소를 포함하여 작성하자.
- 제시한 여러 종류의 숫자가 전달하고자 하는 의미를 제대로 보여주도록 표현하자.
- 객관적인 관점에서 실행력(규모, 조직, 사람, 계획, 대응력, 사업화 역량)을 포함하자.
- 일방적인 주장이나 상상이 아니라 현실 가능성을 고려한 기대효과를 작성하자.

항목	평가위원의 관점
명확한 문제정의	이 과제에 정부예산을 투입해야 하는 이유가 명확한가?
기술의 파급 효과	이 기술이 누구에게 어떤 가치와 변화를 가져오는가?
전략의 일관성	개별 항목의 작성 내용이 전체적으로 통일된 메시지를 전달하는가?
수행기관의 차별성	다른 기관 대비 차별적인 요소가 더 뛰어난가?
숫자의 객관성	숫자가 객관적이고 신뢰할 만하며 전략과 연결되는가?
실행 가능성	과제 수행에 따른 잠재적인 리스크는 없는가?
성과, 사업화 가능성	계획한 사업화 매출이 가능한가? 지속가능한 비즈니스모델이 가능한가?

4장.

논리는 설계다:
기획서의 뼈대를 세우는 기술

1

기획서의 3대 구조 – 문제, 해결 방법, 기대효과

기획서 작성의 핵심은 정보를 많이 담는 것이 아니다. 평가위원이 빠르게 이해하고, 신뢰하고, 선택하게 만드는 구조를 설계하는 것이다. 가장 기본적이고 강력한 3단계 구조는 '추진 배경과 필요성 → 개발 방법 → 기대효과'이다.

(1) 추진 배경과 필요성(Problem+Why):
무엇이 문제인가? 이 과제를 왜 해야 하는가?
우선 평가위원의 관심을 끌어야 한다. 핵심은 '문제정의+현황+과제의 필요성'이다. 현장의 구체적인 문제나 산업의 구조적 병목 현상을 설명한다. 정책적 배경과 정부과제 방향성과의 연결 필요성을 언급한다. 기존 방식의 한계 또는 비효율성을 설명한다. 즉, 이 과제를 지금 수행해야 하는 필요성과 절박함을 제시하는 것이다. 무엇이 문제인지 설명하지 못한다면, 아무리 훌륭한 기술이라도 설득력을 갖추지 못한다.

(2) 개발 방법(How): 어떻게 해결할 것인가?
평가위원은 기획서의 개발 방법을 보고 이 기업이 실제로 잘 해낼 것인가를 판단한다. 해결 방안이 구체적이고 실행 계획이 신뢰할 만해야 하는 것이 핵심이다. 여기에는 단계별 추진 로드맵, 핵심 성공 요소(KSF)와 그에 대한 전략, 외부 파트너, 인력 구성, 리스크 관리 체계 등이 포함된다. 그럴듯한 계획이 아니라 실현할 수 있는 시나리오처럼 느껴지게 하는 것이 관건이다.

(3) 기대효과(So What): 그래서 어떤 변화가 생기는가?

평가위원의 결정이 이루어지는 부분이다. 정량 성과와 공공성을 모두 만족시키는 메시지가 필요하다. 여기에는 KPI 중심의 정량 목표 제시(매출, 수출, 고용 등), 시장 파급력, 성과 확산 가능성, 정책 기여도, ESG, 사회적 효과, 성과의 지속 가능성 등이 포함된다. 가장 중요한 점은 평가위원에게 '이 과제를 하면 세상이 조금 더 나아질 수 있다'는 확신을 주는 것이다.

이 3단계 구조는 문서 전체의 설계도이다. 이 틀을 기준으로 각 장을 쓴다면, 정보만 나열한 기획서가 아니라 논리와 서사를 담은 설득의 문서가 될 것이다. 정부과제 기획서를 처음 작성하는 사람이라도 이 3단계 구조만 잘 지키면 평가위원이 높은 점수를 주고 싶은 훌륭한 기획서를 작성할 수 있다.

기획서의 3대 구조

단계	질문	기획서 반영 항목 예시
Why	무엇이 문제인가? 이 과제를 왜 해야 하는가?	추진 배경, 문제정의, 현황 분석
How	어떻게 해결할 것인가?	기술, 전략, 실행 계획
So What	그래서 어떤 변화가 생기는가?	기대효과, KPI, 파급력

2

논리의 바탕 – 구조, 근거, 정합성

'논리적이다'라는 표현이 단순히 '말이 된다'라는 의미는 아니다. 논리적인 기획서는 읽는 평가위원의 머릿속에서 문제, 해결 방법, 기대효과라는 흐름이 막힘없이 흘러가도록 설계한 글이다.

(1) 구조(Structure): 독자, 즉 평가위원의 사고 순서를 설계하라.
기획서는 지도다. 한눈에 맥락이 보이고, 각 항목은 역할이 구분되어 기획서의 전체 목적에 일치해야 한다. 소제목은 평가표 항목이나 핵심 메시지를 드러내는 용어로 작성한다. 글을 읽는 시선에 따라 사고가 자연스럽게 흐르도록 계단식 구성이나 질문과 답변 구조를 활용한다.

> **예시**
> 이 과제가 왜 필요한가? → 이 문제는 누구에게 어떤 영향을 주는가? → 그래서 우리는 어떤 해법을 제안하는가?

(2) 근거(Evidence): 주장은 데이터로 증명하라.
평가위원은 주장만이 아니라 근거를 본다. 당위성만 강조하거나 경험만 반복하는 글은 신뢰를 얻기 어렵다. 주관적인 주장을 객관적인 데이터로 증명할 때는 외부 통계, 정책 보고서, 시장 리포트, 전문가 의견, 언론 기사, 논문 등을 인용하는 것이 좋다. 예를 들면 자산 보유 데이터,

테스트 결과, 고객 피드백, 숫자와 도표, 실제 사례 등을 활용할 수 있겠다.

하지만 근거만 장황하게 나열하는 것도 적절하지는 않다. 근거 이후에는 '그래서 결국 무슨 의미가 있는지(So What)'에 대한 내용이 이어지게 작성해야 한다.

> **예시**
> ○○○리서치에 따르면 2025년까지 1인 가구 비중이 29.6%를 초과할 것으로 예상된다. 이는 개인화된 건강관리 서비스 수요의 폭발적 증가를 의미한다.

(3) 정합성(Coherence): 퍼즐 조각이 하나로 맞춰져야 한다.

정합성은 문서 전체 논리 흐름의 통일성을 말한다. 즉, '각 항목이 한 가지 메시지를 지지(sustain)하고 있는가'를 점검해야 한다. 예를 들어, 사업목적은 '취약계층 복지'인데 기대효과는 '관련기관의 중복성 제거'로 작성했다면 연결성이 부족한 것이다. 예시의 경우 문제는 B2C인데 제시된 해결 방법은 B2B이다.

기획서에 논리가 부족하다면, 아무리 잘 쓴 기획서라 해도 평가위원은 그저 포장만 잘했을 뿐 신뢰가 가지 않는다고 생각하게 된다. 좋은 기획서는 구조적 사고력과 근거의 탄탄함, 그리고 전체 정합성을 기반으로 한다. 논리가 보이면 평가위원은 안심한다. 논리가 없으면, 아무리 좋은 아이디어도 불안한 도전으로밖에 보이지 않는다.

3

평가자의 뇌를 안심시키는 논리적 흐름 만들기

정부과제의 평가자, 평가위원은 수많은 기획서를 짧은 시간 내에 검토하고, 기준에 따라 결정을 내려야 한다. 그들의 사고방식은 좋은 점 찾기보다 불안 요소를 제거하기 위한 결점 찾기에 가깝다. 즉, 평가자의 뇌는 이 과제에 문제가 없다는 신호를 찾았을 때 안심하고 통과를 결정할 수 있다. 그렇다면 기획서를 어떻게 써야 평가자의 뇌를 자연스럽게 안심 모드로 유도할 수 있을까?

(1) 인과 구조

사람의 뇌는 인과관계가 분명할 때 정보를 더 신뢰한다. 기획서도 원인부터 결과까지 자연스럽게 이어지는 구조여야 한다.

> **예시**
>
> ○○기업은 ○○기술을 사용하는데, 최근 속도가 느리고 가격도 부담스럽다고 한다. 이 문제를 해결하기 위해 당사는 오픈소스 기반의 경량화 솔루션을 개발하고 있다. 이를 적용하면 비용은 40% 절감되고, 작업 기간은 평균 2주 단축된다. 최근 몇 개 기업에 테스트한 결과 87% 기업이 새로운 솔루션으로 변경하고 싶다고 응답했다.

(2) 질문 — 답변 구조: 생각을 선도하는 기획서
좋은 기획서는 독자가 궁금해할 질문에 선제적으로 답을 준다.

> **예시**
> 4년 후 소형 생활가전의 모습은 무엇인가?
> → 4년 후 1인 가구들은 어떤 생활가전을 구매하고 싶어 할까?
> → 4년 후 생활가전 제조 생태계는 어떤 모습이어야 하는가?

예시의 기간이 4년인 이유는 해당 과제의 수행 기간이 4년이기 때문이다. 이러한 구조는 평가자의 사고 흐름과 일치하여 기획서를 잘 준비했다는 감상을 끌어낼 수 있다.

(3) 메시지 파악을 위한 에너지를 줄여주는 구조:
핵심요소(결론) → 근거 → 시각화 3단계 설계
평가위원은 기획서에서 핵심 내용을 찾는 데 에너지를 많이 소모한다. 이 소요 에너지를 줄이는 구조는 평가위원에게 좋은 인상을 준다. 문단 첫 줄에는 결론이나 핵심 메시지를 쓴다. 그리고 해당 근거와 사례를 제시한다. 필요하다면 요약 도표, 박스, 시각 요소로 메시지를 강조한다. 이렇게 구성하면 정보 신뢰도, 이해 속도, 평가 편의성을 동시에 만족시킬 수 있다.

(4) 맥락 연결의 중요성
아주 자세한 내용까지 모두 설명하려는 기획서는 오히려 산만하다. 필요한 내용만 담은 문장과 문단, 항목 사이의 맥락을 잘 연결하는 것이 더 중요하다. 예시와 같은 문장은 앞뒤 내용을 매끄럽게 연결한다.

> **예시**
> 이처럼 시장에서는 기술 진입 장벽이 문제가 되고 있습니다. 이 문제를 타개하기 위한 당사의 전략은 다음과 같습니다.

4

SMART 목표 설정법

기획서의 전략이나 목표가 막연한 바람이나 희망 사항처럼 느껴지는 이유는, 명확한 프레임 없이 단어만 나열되어 있기 때문이다. 전략과 목표를 정량화하는 도구가 있다. 바로 SMART 목표 설정법이다.

SMART 목표 설정법은 기대효과, 성과지표, KPI 등 기획서의 설득력을 강화한다.

SMART 목표 설명법

항목	설명	예시
Specific	구체적인가?	고객 이탈률 감소(×) 3개월 내 이탈률 10% 감소(○)
Measurable	측정 가능한가?	성과를 수치화했는가?
Achievable	달성 가능한가?	자원, 인력, 기술 수준을 바탕으로 현실적인가?
Relevant	관련 있는가?	과제 목표와 직접 연관되는 지표인가?
Time-bound	시간 설정이 있는가?	명확한 기한 설정. 언젠가(×) 1년 내(○)

예시 1

Before: 제품의 품질을 높이겠다.

After: 2028년 6월까지 불량률을 3% 이하로 감소시킨다.

예시 2

Before: 국내외 시장 확대를 추진한다.

After: 1년 내 대형 온라인몰 3곳에 입점하고 연 1억 원 매출을 달성한다.

4장 요약

- 추진 배경과 필요성(Why), 개발 방법(How), 기대효과(So What)를 확인하자.
- 구조, 근거, 정합성 등 논리의 기본 구조를 갖추도록 작성하자.
- 논리 구조에서 허점은 없는지, 맥락은 정확한지 확인하고 점검하자.
- SMART 목표 설정법을 통해 기획서를 완성하자.

항목	평가위원의 관점
이해 용이성	전체 내용을 이해하기 쉬운가?
논리 구조	전체 흐름이 예측 가능한가?
논리의 완결성	감점 요인은 없는가?
목표의 정량화	목표는 기획서의 내용을 재확인할 수 있는가?

5장.

스토리는 기억이다:
평가자를 움직이는 이야기의 힘

1

사람은 이야기로 설득된다

정부과제 기획서를 평가하는 사람은 전문가지만, 그들도 결국 사람이다. 그리고 사람은 논리보다 이야기로 더 잘 설득된다.

인간의 뇌는 정보를 받아들일 때, 단순한 정보의 나열보다 맥락 있는 흐름에서 훨씬 더 잘 이해하고 기억한다. 이는 진화적으로도 증명되었다. 사자에게 쫓기다가 나무에 올라가 살았다는 이야기는 잘 기억되지만, 위험지역 접근 금지라는 경고 문구는 금방 잊혀진다. 기획서도 마찬가지다. 수치와 분석으로는 타당성을 만들 수 있지만, 이 과제를 왜 해야 하는지, 누가 어떤 변화를 만들고자 하는지를 보여주는 것은 이야기만이 할 수 있는 일이다.

평가자는 다음과 같은 이야기가 담긴 기획서를 기억한다.

> **예시**
> 현장에서 여전히 수기로 데이터를 입력하는 직원이 있었습니다. 직원이 그 종이를 잃어버렸을 때 출고가 지연되었고 고객 컴플레인이 쏟아졌죠. 우리는 이 현실을 바꾸기 위해 과제를 시작했습니다.

예시와 같은 짧은 이야기 하나가 'AI 기반 관리 솔루션을 개발하여 업무 효율화를 기대한다'라는 문장보다 훨씬 더 강렬하고, 구체적이며, 납득 가능하다.

평가자는 하루에 수십 개의 기획서를 읽는다. 논리는 흘러가지만, 이야기는 남는다. 선정되는 기획서의 공통점은 '이건 진심이 느껴졌어', '그 장면이 기억나' 라는 심리 반응이 평가자의 마음에 새겨진다는 것이다. 좋은 스토리는 단순히 감정을 자극하는 것 이상으로 과제의 당위성과 공감을 논리와 연결시키는 도구로 작용한다.

스토리의 3요소

① 등장인물(누가 Who): 고객, 사용자, 팀원, 문제를 겪는 사람
② 상황과 어려움(언제 When, 무엇을 What): 현장에서 겪는 구체적인 불편함이나 한계
③ 해결과 변화(어떻게 How): 우리의 기술이나 전략이 만들어내는 개선과 효과

2

도입부 스토리 – 왜 지금, 왜 이 과제인가?

기획서의 도입부는 평가자가 더 주의 깊게 읽을지, 그만 읽을지를 결정하는 핵심 구간이다. 대부분의 평가자는 기획서의 도입 1~2페이지를 훑고 이어서 자세히 볼지를 판단한다. 즉, 도입부는 기획서를 읽히는 문서로 만들기 위한 첫 관문이다.

도입부에서는 '왜 지금인가'를 설명해야 한다. 많은 기획서가 기술 개발을 통해 문제를 해결하겠다고 말한다. 그러나 왜 지금 이 문제를 해결해야 하는가에 대한 설명이 없다면 절박함도, 시의성도, 정책 성과도 느껴지지 않는다.

도입부를 읽은 평가자의 질문
- 내년에 해도 되는 과제인가?
- 지금 아니면 안 되는 이유가 있나?
- 지금 하고자 하는 과제가 정부 방향성과 어떤 연관이 있나?

기획서 도입부에서는 이 과제가 왜 의미 있는 시도인지를 드러내야 한다. 이럴 때 이야기 구조는 가장 강력한 무기가 된다.

예시

당사는 지난 2년간 ○○시장의 A유통사와 협업하며 현장 재고 관리의 오류가 빈번하게 발생하는 것을 목격했습니다. 단순한 인력 문제가 아니라 데이터 시스템 부재에서 비롯된 이슈였습니다. 우리는 현장의 고질적 문제를 해결할 시점이 지금이라고 판단했습니다.

↓

이처럼 시의성 + 주체적 인식 + 문제 발견의 여정을 짧게라도 스토리로 담으면, 평가자는 이 과제에 맥락이 있다는 느낌을 받는다.

도입부에 넣어야 할 3가지 질문
① 무엇이 문제인가? (현재 상황)
② 왜 지금 해결해야 하는가? (시의성, 정책성)
③ 이 과제는 어떤 변화를 만들 것인가? (비전과 성과)

이 3가지 질문에 답하는 스토리를 간결하고 구체적으로 10줄 안에 담는 것, 그것이 도입부 스토리의 핵심이다. 도입부는 기획서의 얼굴이다. 논리보다 빠르게 평가자의 시선을 사로잡고, 스토리보다 강하게 과제의 맥락을 설득해야 한다. 왜 지금 이 과제를, 당신이 해야 하는가? 이 질문에 도입부가 답한다면, 그 기획서는 이미 절반 이상 설득에 성공한 것이다.

3

전환 질문 기법 – 기술을 사람 문제로 바꾸기

정부과제 기획서에서 자주 보이는 오류 중 하나는 기술 중심으로 설명하다가 평가자가 '왜 이게 중요한지'를 놓치게 하는 것이다. 특히 기술개발 과제, 시스템 구축 과제, 플랫폼 설계 제안서에는 기술의 기능과 성능만 나열하는 경향이 있다. 그러나 평가위원이 궁금한 건 기술이 아니라, '그래서 누구의 어떤 문제를 해결하느냐'라는 질문에 대한 답이다.

기술 설명의 한계를 뛰어넘는 방법으로 '전환 질문'을 활용하는 방법이 있다. 기술에서 출발하되, 그것을 사람 문제로 전환하는 질문을 던지는 방식이다.

전환 질문은 스토리를 만든다. 즉, 기술은 기능을 통해 문제를 해결해야 한다. 이 흐름에서 문제 해결이 어떤 일화의 한 장면 안에서 표현될 때 평가위원은 기술을 현실 속 변화로 느낀다. 그 순간, 기획서는 기술 설명서가 아니라 사회적 변화를 위한 필수적인 설계도로 전환된다. 변화가 발생하고, 그 변화가 사람들의 생활을 행복하게 만든다면, 해당 과제를 선정하지 않을 평가위원이 누가 있을까?

전환 질문 예시

기술적 설명	전환 질문	사람 중심 표현
AI 기반 수요 예측 시스템	누구의 어떤 불편을 줄일 수 있는가?	매달 3일 치의 버려지는 재고를 고민하던 점주가, 매출 예측으로 발주량을 통제함으로써 재고량을 최적화할 수 있게 됩니다.
비침습 혈당 체크 피부 패치	누가, 언제, 어디서 사용할 것인가?	매일 혈당 체크를 위해 바늘로 손가락을 찌르기를 두려워하는 2형 당뇨를 가진 어린이가 피부에 붙이는 패치를 통해 고통 없이 혈당 수치를 확인할 수 있게 됩니다.
IoT 기반 실시간 꽃가루 분석 센서	이 기술로 어떤 사람이 혜택을 받는가?	매년 봄철이면 심각한 알레르기 현상으로 고생하는 고등학생이, 그 원인을 몰라 해마다 외출을 자제하였지만, 이제는 기상청에서 제공하는 실시간 꽃가루 분석 정보를 받은 후 본인에게 해당하는 알레르기 유발 수종을 알게 됨으로써 마음 놓고 야외 활동을 할 수 있게 됩니다.

[실전 TIP] 기술 문장을 바꿔보기

'~를 개발하여 업무효율을 높인다.' → ~를 통해 누구의 어떤 업무에서 어떤 변화가 생긴다.

'스마트 센서를 탑재해 모니터링 정밀도를 높였다.' → 센서 덕분에 담당자는 이상 징후를 미리 감지해 큰 사고를 예방할 수 있다.

↓

이처럼 기술의 끝에 사람을 붙이면 스토리가 된다. 즉, 평가자는 기술 자체보다도 그 기술이 만드는 변화, 특히 사람과 현장에서 일어나는 작은 차이를 보고 싶어한다. 전환 질문은 기술에서 이야기로 넘어가는 스토리텔링의 관문이다.

4

One-liner로 승부하라

좋은 기획서는 전체 흐름이 잘 짜인 문서지만, 선정되는 기획서는 평가위원의 머릿속에 단 한 줄을 각인시키는 기획서다. 그 '한 줄'이 바로 One-liner다. 평가위원들이 회의실에서 여러 과제를 논의할 때, 누군가 이렇게 말한다.

"아, 그거… 점주가 재고로 고민하던 그 회사 거 말이죠?"
"그건 의료 사각지대에서 쓰였던 스마트 체온계 과제였지요?"
"노인이 혼자 사는 집에 자동 가스 차단기를 설치하는 과제였죠?"

단 한 줄로 기획서 전체 내용을 압축한 문장은 강렬한 인상을 남기고, 공유되고, 최종 선정의 논거가 될 수 있다.

One-liner의 3가지 요소

① 짧고 구체적일 것
② 사람이 등장할 것
③ 변화의 장면이 떠오를 것

> **강력한 One-liner 예시**
>
> – 수기로 발주하던 점장이, 생성형 AI를 사용하며 하루 2시간씩 절약하게 되었습니다.
> – 매일 혈당 측정 시간을 두려워하던 어린이는, 비침습 피부 패치를 사용하

기 시작한 뒤로 더 이상 혈당 측정이 두렵지 않게 되었습니다.
- 1인 가구 주방에, 화재경보기보다 빠르게 반응하는 스마트 안전장치!
- 실시간 수질 정보로, 정수장 직원이 물탱크 폭발을 막았습니다.
- IoT 꽃가루 분석 정보로, 고등학생이 외출의 자유를 얻었습니다.

↓

이러한 하나의 문장만으로도 기술, 대상, 가치, 맥락을 한 번에 전달할 수 있다.

One-liner 작성 공식
[누가] + [어떤 문제를 겪다가] + [우리의 솔루션으로] + [어떤 변화가 생겼다]

One-liner는 기획서 초안을 다 쓰고 나서 마지막에 만들어야 한다. 전체 흐름과 메시지를 정리한 뒤, '이 과제를 한 문장으로 설명하면 뭐라고 할까?'를 스스로에게 물어보자.

One-liner는 발표와 인터뷰에서도 유용하다. 발표 시작 멘트로 사용하는 것도 가능하고, 질의응답에서 핵심을 요약 정리할 때 사용할 수도 있다. 또한, 평가위원들의 기억에 확실한 인상을 남기기 위해 평가 마지막 단계에서 다시 언급할 수 있다. 보통 평가를 마칠 때쯤 평가위원장이 발표자에게 요청한다. "이제 평가를 마치기 전에 마지막으로 하시고 싶은 말씀이 있으면 30초 동안 하셔도 좋습니다"라고 말이다. 이때 One-liner를 사용하여 우리의 과제를 평가위원의 기억에 또렷이 남길 수 있다.

모든 순간에 이 한 줄이 우리의 과제를 각인시키는 무기가 된다. 기억하자. 많은 말보다, 기억나는 한 줄이 기획서를 통과시킨다. One-liner는 우리의 기획서가 말하고 싶은 메시지의 핵심 요약본이자, 설득의 정점이다.

5

스토리텔링 유형 5가지

기획서에 스토리를 넣으라고 하면, 많은 사람이 '그걸 어떻게 써야 하죠?'라고 되묻는다. 스토리는 창작이 아니라 구조로 설계할 수 있다. 우리의 기획서에 적합한 스토리 구조를 선택해 적용하는 것이 가장 효율적이고 반복 가능한 방법이다.

다음은 정부과제, 제안서, 사업계획서에 널리 활용되는 실전형 스토리텔링 유형 5가지이다.

(1) 문제발견형: 우리가 현장에서 본 문제
(현장 또는 고객의 현실) → (반복되는 문제) → (이 문제를 해결하려는 동기)
현장감, 공감, 그리고 당위성을 확보하는 데 강력한 구조다.

> **예시**
> 운전 기사가 매일 새벽에 10분 동안 버스를 공회전하는 것을 보았습니다. DPF 기술은 있었지만 버스가 정차했을 때만 효율이 높다는 문제가 있었습니다. 우리는 이 불편을 줄이기 위한 방법을 찾기 시작했습니다.

(2) 창업동기형: 우리가 이 일을 시작한 이유
(개인의 경험 또는 감정) → (과제와 연결되는 통찰) → (지금 우리가 하려는 일)
기업의 진정성, 지속 의지, 미션 중심 전략에 적합한 구조다.

> 예시
> 저는 10년간 지체장애인들을 돌보는 요양기관에서 장애인들과 함께 지냈습니다. 비장애인의 도움 없이 움직일 수 없는 상황은 장애인들을 더욱 힘들게 만들었습니다. 낙담하는 그분들을 보며, 장애인이 주변 환경에 적극적으로 대응하는 가운데 스스로 움직일 수 있는 모빌리티 기술이 필요하다고 느꼈습니다.

(3) 고객변화형: 이 기술이 사람을 어떻게 바꾸는가
(기존의 불편 또는 한계) → (솔루션의 적용) → (행동 / 결과의 변화)
기술 효과를 구체적으로 시각화할 때 유용한 구조다.

> 예시
> 지금껏 매출 계산이 끝나고도 1시간씩 수기 정산을 하던 점주는, 자동 정산 앱을 사용한 이후 정산을 15분 안에 마무리하고 있습니다. 그의 저녁 시간이 달라졌습니다.

(4) 연결형: 정부 정책과 어떻게 연결되는가
(사회 또는 산업 변화) → (정책 방향) → (우리가 제안하는 실행모델)
정책 부합성, 시의성, 전략성을 강조하는 데 효과적인 구조다.

> 예시
> 고령화와 1인 가구의 증가로, 생활 안전 서비스 수요가 폭증하고 있습니다. 정부도 고령자 돌봄 R&D를 확대 중이며, 우리는 이를 뒷받침할 가정 내 낙상예방 스마트 안심 센서를 개발하고자 합니다.

(5) Before–After형: 문제가 사라지면 어떻게 되는가
(과거 상황) → (개입 또는 기술 적용) → (지금의 변화된 장면)
이것은 단순하고 강력한 대비 효과로 주목도를 확보할 수 있다.

예시

작년까지만 해도 공장 내에서 운행 중인 지게차가 보행 중인 작업자들과 빈번하게 충돌하는 사고가 발생했습니다. 그러나 현재는 지게차 하단에 사람의 발을 인식하는 AI 카메라를 장착하여, 운전자의 시야에 보이지 않는 위치에 작업자의 발이 감지되면 지게차가 자동으로 정지하는 기술을 구현하였습니다. 이로써 지게차 운전자의 시야 가림으로 인한 충돌사고는 더 이상 발생하지 않게 되었습니다.

위에서 제시한 5가지 스토리텔링 유형은 도입부나 문제정의에 적용하기에 가장 효과적이다. 발표 자료나 IR 피치덱*에도 바로 응용이 가능하다. 하나의 기획서 안에 1~2가지 유형을 선택하여 사용하는 것이 가장 자연스럽다.

기획서 스토리는 예술이 아니다. 구조로 만든 기술이고, 전략이다. 5가지 유형 중 각자의 과제와 가장 잘 맞는 구조를 골라 짧은 도입 스토리를 쓰는 것부터 연습해 보자. 기획서는 그때부터 읽히는 글이 된다.

* 피치덱(Pitch Deck): 투자자에게 강렬한 첫인상을 주고 초기 관심을 끌기 위한 자료로, 간결하고 시각적으로 매력적이라는 특징이 있다.

5장 요약

- 기획서를 스토리(누가, 언제, 어려움, 해결 방법과 변화) 구조로 만들자.
- 평가자의 시선과 주목을 끌 수 있는 강렬한 스토리로 도입부를 구성하자.
- 기술만 설명하지 말고 기술이 사람의 문제를 어떻게 해결하는지를 작성하자.
- 중언부언하거나 많은 내용을 작성하기보다 강렬한 한 줄을 만들자.
- 스토리텔링 유형 5가지 가운데 우리 과제에 맞는 유형을 찾아서 적용하자.

항목	평가위원의 관점
임팩트	이 과제에 오래 기억할 수 있는 강렬한 스토리가 있는가?
도입부 구조	과제 도입부가 매력적인가?
기술의 효과성	이 기술이 해결하려는 문제가 중요하고 의미가 있는가?
환기 가능성	마지막까지 기억에 남는 한 줄 메시지는 무엇인가?
설득 가능성	제시하는 스토리의 논리적 연계성이 충분히 강한가?

6장.

단계별 기획서 작성의 실전 가이드:
평가위원의 핵심 질문

과제 기획서를 작성하기 위해 먼저 목차의 기본 구조와 의미에 대해 살펴보자. 한국산업기술기획평가원의 R&D과제 목차는 아래와 같이 구성되어 있다.

목 차

1. 연구개발과제의 개요 ··········· 1
   - 1-1. 개발 대상 기술·제품의 개요 ··········· 1
   - 1-2. 연구개발과제의 배경 및 필요성 ··········· 2
2. 연구개발과제의 목표 및 내용 ··········· 14
   - 2-1. 최종목표 ··········· 14
   - 2-2. 연구개발 목표 및 내용 ··········· 18
   - 2-3. 연구개발과제 수행일정 및 주요 결과물 ··········· 29
3. 연구개발과제의 추진전략·방법 및 추진체계 ··········· 31
   - 3-1. 기술개발 추진방법·전략 ··········· 31
   - 3-2. 기술개발 추진체계 ··········· 32
   - 3-3. 기술개발팀 편성도 ··········· 33
   - 3-4. 과제 수행 중 일자리 창출 계획·방법 ··········· 34
4. 연구개발성과의 활용방안 및 기대효과 ··········· 35
   - 4-1. 연구개발성과의 활용방안 ··········· 35
   - 4-2. 연구개발성과의 기대효과 ··········· 35
   - 4-3. 연구개발성과의 기술기여도 ··········· 36
5. 연구개발성과의 사업화 전략 및 계획 ··········· 37
   - 5-1. 국내·외 기술과 시장 현황 ··········· 37
   - 5-2. 관련 지식재산권, 표준화 및 인증기준 현황 등 ··········· 40
   - 5-3. 표준화 전략 ··········· 40
   - 5-4. 경제적 성과 창출계획 ··········· 40
   - 5-5. 사회적 가치 창출 계획 ··········· 43
6. 연구개발 안전 및 보안조치 이행계획 ··········· 44
   - 6-1. 안전조치 이행계획 ··········· 44
   - 6-2. 보안조치 이행계획 ※ 과제 선정 이후 제출 ··········· 45
7. 연구개발기관 현황 ··········· 46
   - 7-1. 연구책임자(주관연구개발기관책임자) 및 참여연구자 등 현황 ··········· 46
   - 7-2. 연구시설·장비 보유현황 ··········· 51
   - 7-3. 연구개발기관 일반 현황 ··········· 52
8. 연구개발비 사용에 관한 계획 ··········· 54
   - 8-1. 연구개발비 지원·부담계획 ··········· 54
   - 8-2. 연구개발비 사용계획 ··········· 55
   - 8-3. 연구개발비 세부 사용계획 ··········· 63

[별첨3] 외주 용역 활용계획서 ··········· 64
[별첨4] 기술준비도(TRL, Technology Readiness Level) 목표 ··········· 65
[별첨7] 영리기관 신규 참여연구자 채용(예정)확인서 ··········· 66

출처: 한국산업기술기획평가원

목차는 Why(과제를 해야 하는 이유), What(개발하고자 하는 기술과 그 내용), How(개발방법과 주체), So What(기술개발의 효과, 사업화)로 나누어진다. 이렇게 목차를 재해석해보는 것은 이후 기획서 작성에 많은 도움이 된다.

목차 재해석

1. 연구개발과제의 개요	Why? 왜 이 과제를 해야 하는가?
2. 연구개발과제의 목표 및 내용	What? 무엇을 개발하고자 하는가?
3. 연구개발과제의 추진전략 방법 및 추진체계	How? Who? 어떻게 누가 할 것인가?
4. 연구개발성과의 활용방안 및 기대효과	So What? 그래서 어떻게 활용할 것인가?
5. 연구개발성과의 사업화 전략 및 계획	
6. 연구개발 안전 및 보안조치 이행계획	

그럼 이제부터 목차에 따른 내용을 하나씩 살펴보도록 하자.

1

과제 개요

연구개발과제의 개요는 기획서 처음에 작성하며, 과제를 해야 하는 이유와 핵심 아이디어를 소개한다. 평가위원은 개요가 얼마나 설득력 있는가에 따라 기획서 전체에 대한 긍정적 또는 부정적 시각을 갖는다.

```
1. 연구개발과제의 개요 ·········································································· 1
   1-1. 개발 대상 기술·제품의 개요 ······················································ 1
   1-2. 연구개발과제의 배경 및 필요성 ················································ 2
```

(1) 과제 추진 배경과 필요성이 설득력이 있는가?

과제 개요 작성 시 자주 하는 실수
- 제시된 목차에 따라 내용만 채우면 좋은 기획서가 될 것이라고 생각한다.
- 되도록 많은 내용을 기재하여 복잡하게 보이도록 작성하면 평가위원들이 긍정적으로 평가할 것이라고 생각한다.
- 평가위원들이 사업계획서의 모든 내용을 자세하게 읽을 것이라고 생각한다.

앞에서도 얘기했듯이 평가위원들은 기획서를 자세히 읽을 시간이 부족하다. 그러므로 기획서 작성 시 목차의 함정에 빠지지 말아야 한다. 공고문에서 제시하는 목차는 기획서 작성 시 기본적으로 지켜야 하는 공통 규칙과 같다. 같은 과제에 신청하는 다른 모든 기관도 같은 목차를 갖고 있다. 그러므로 목차는 따르되 그 안에서 메시지를 어떻게 더 효과적으로 전달할 것인지 연구해야 한다.

목차에 따라 작성하였지만 메시지 전달이 잘 되지 않는 경우
- 나만의 메시지도 없고, 논리 구조도 없이 작성한 경우
- 컨소시엄을 구성한 기관들이 목차를 나누어, 마치 숙제하듯이 각자 해당 부분의 내용을 작성하고 그대로 합친 경우

과제 개요에서는 가장 먼저 '개발하고자 하는 기술·제품의 개요'가 나와야 한다. 즉, What이다. 제품이라면 이미지 또는 한 줄로 요약하는 것이 좋다. 시스템이라면 시스템 구성도와 명칭을 기재하는 것이 좋다. 평가위원들이 가장 알고 싶은 내용은, 무엇을 만드는가에 대한 궁금증을 해소할 수 있는 명확한 이미지이다.

다음으로는 개발하고자 하는 기술·제품이 필요한 이유를 설명해야 한다. 정부R&D과제 기획서의 배경 및 필요성 항목은 과제의 타당성과 시급성을 입증하는 부분이다. 평가자는 이 항목으로 과제의 정책적 정합성, 사회적 파급력, 기술적 필요성을 직관적으로 파악하며, 이 첫인상이 전체 평가에 큰 영향을 미친다.

추진 배경은 단순한 서술형 문장으로 나열하기보다는 객관적이고 신뢰할 수 있는 숫자와 통계를 활용하는 것이 좋다. 숫자로 현황을 제시하면 해당 문제가 얼마나 심각한지, 과제가 얼마나 시급한지에 대한 인식이 자연스럽게 형성되며, 과제의 범위와 중요성을 다시 한번 명확히 확인할 수 있게 된다.

> **예시**
>
> 2023년 기준 국내 제조업체의 스마트팩토리 도입률은 12.3%에 불과하며, 독일(46.7%)과 일본(38.9%) 대비 현저히 낮은 수준입니다.
>
> ↓
>
> 단순히 현황을 설명하는 것 이상으로, 평가위원들로 하여금 이 문제는 그냥 두면 안 되겠다는 판단을 유도한다. 이는 숫자가 가진 힘이자, 배경 및 필요성 작성 시 반드시 활용해야 할 전략이다.

RFP에는 이미 핵심적인 힌트가 담겨 있다. 해당 과제를 통해 정부가 해결하고자 하는 사회적 문제나 정책적 목표가 명시되어 있는 것이다. 그러므로 이와 직접적으로 연결되는 배경을 구성하는 것이 중요하다. RFP의 키워드를 중심으로 사회적 트렌드나 산업 현황을 수치로 보여주는 방식은 평가자에게 신뢰를 주고, 정부 정책과의 정합성을 분명히 전달하는 데 효과적이다.

배경 및 필요성 항목은 1~2개 문장의 핵심 메시지를 중심으로 구성해야 한다. 명확한 의미 전달을 위해 각 문장은 반드시 서술어가 포함된 완전한 문장이어야 한다. 군더더기 없이 간결하면서도 강력한 메시지를 전달해야 하며, 핵심 내용을 부각해야 한다.

논리 구조도 중요하다. '문제 → 원인 → 해결 필요성'을 전개하여 과제가 필요하다는 논리를 자연스럽게 구축해야 한다. 독자는 이 구조를 따라가면서 과제가 왜 지금 추진되어야 하며, 이를 해결하지 않으면 어떤 문제가 심화되는지 납득하게 된다.

배경 및 필요성 항목은 과제 전체의 설득력을 좌우하는 열쇠다. 숫자와 통계를 기반으로 신뢰를 확보하고, 정책과 산업 트렌드와의 연결로 당위성을 강화하며, 구조화된 문장으로 메시지를 전달하는 방식은 과제의 성공 가능성을 높이는 가장 현실적이고 효과적인 전략이다.

프레임워크를 통해 배경과 필요성을 전달하라

프레임워크는 문제 해결에 필요한 수많은 정보를 정리하는 도구이다. 프레임워크는 객관적이고 구조적으로 문제를 이해할 수 있도록 돕는다.

모든 사람에게는 고유한 또는 익숙한 사고체계가 있다. 만약 우리가 개발하고자 하는 기술개발 아이디어를 텍스트로만 기술한다면, 평가위원들은 각자의 지식과 경험으로 그것을 상상하고 평가한다. 기획서 작성자가 전달하고자 하는 핵심 내용을 제대로 전달하려면 프레임워크를 활용하는 것이 좋다.

정부과제 기획서를 작성하는 데 도움이 되는 대표적인 프레임워크 두 가지를 보겠다.

SWOT 분석 프레임워크

SWOT 분석은 기업의 강점(Strength)과 약점(Weakness), 기회(Opportunity), 위기(Threat)를 열거하여 기업 경영 전략을 효과적으로 수립하는 분석 방법이다. SWOT 분석 프레임워크만 보면 내용을 길게 설명하지 않아도 명확하게 의미를 전달할 수 있다.

Gap Filling 프레임워크

우리의 기술개발 과제는 현재 상황(As-Is)과 이상적인 상황(To-Be)의 차이(GAP)다. 현재 상황은 고객과 기업 등이 가지고 있는 어려움이며, 이 어려움을 해결하여 이상적인 상황에 도달하고자 하는 것이 우리의 과제(What)이다. 우리는 기획서를 통해 차별적 해결방안(How)을 제안한다. 그러므로 GAP은 Why이고, 우리의 과제는 What이며, 차별적 해결방안은 How에 해당한다.

평가장에서 평가위원들은 What과 How를 보기 전에, 우선 Why에 대해 이해하고자 많은 질문을 던진다. 이 Why를 논리적으로 이해한 후에 다음 단계로 넘어갈 수 있기 때문이다.

Gap Filling 프레임워크를 공고 이해에 활용할 수도 있다. 즉, 현재 상황(As-Is)은 과제가 나오게 된 배경이다. 고객, 기업의 어려움을 포함하여 국내 산업계의 어려운 상황을 나타낸다. 이상적인 상황(To-Be)은 기술개발의 목표와 지향점이다. GAP은 지원 범위와 기술개발의 요소를 나타낸다.

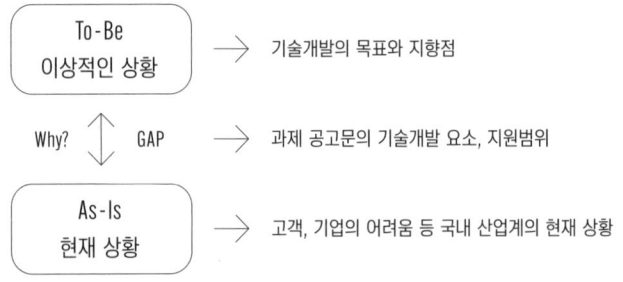

(2) 해결 아이디어가 명확한가?

해결 아이디어는 공고된 목차 구조를 잘 따르면서도 효과적으로 전달되어야 한다. 다음과 같은 단계를 따라 작성하는 것을 제안한다.

먼저 배경, 필요성, 아이디어, 메시지, 메시지의 구조화 등 기본 스토리 완성 후 기획서 작성을 시작한다. 이와 같은 내용이 확정되지 않은 상태에서 섣불리 업무를 시작하지 말자. 기본 스토리를 완성한 다음에는 해당 과제에 참여하는 기관(주관연구개발기관, 참여연구개발기관 등)들과 공유하여 이해 수준을 통일한다.

기본(Basic) 스토리 구성 항목
1. 이 과제를 왜 해야 하는가?
2. 누가 타겟고객인가?
3. 그 고객이 어떤 상황에서 어떤 어려움이 있는가?
4. 이를 해결하기 위한 우리의 아이디어는 무엇인가?
5. 이를 구현할 구체적인 방법이 있는가?
6. 어려움을 해결한 후 기대효과는 무엇인가?

→

기본(Basic) 스토리 평가기준
- 스토리가 공감이 되고 설득이 되는가?
- 우리가 진단한 문제의 원인 중 시장에 잘 알려지지 않은 요소가 있는가?
- 우리의 해결 방법이 경쟁사 대비 우수한가?(차별되는가?)
- 우리의 해결 방법이 지속가능하며(사업성) 산업전반에 파급이 가능한가(확산성)?

가끔 RFP에 기술개발 목표나 지원 범위를 장황하게 늘려서 기재하는 경우가 있다. 이 경우 대부분 What과 How는 있지만 Why는 찾을 수 없다. 좋은 평가 결과를 받기를 원한다면 본질적인 문제 발견에 집중해야 한다. 또한, 발견한 문제의 본질을 구조화해야 한다. 프레임워크를 통해 평가위원들의 궁금증을 해소할 수 있다면, 다음은 차별화 전략을 세우는 데 더 많은 시간을 할애할 수 있다.

(3) 핵심 메시지가 있는가?

메시지 작성 단계에서 자주하는 실수
- 문장에 Bold(진하게), Highlight(색깔 표시)를 많이 하면 메시지가 잘 전달될 것이라고 생각한다.
- 간략하고 명료해 보이는 개조식으로 작성하면 메시지를 잘 이해할 것이라고 생각한다.
- 예쁜 그림 또는 통계가 포함된 그래프를 많이 보여주면 메시지를 이해할 것이라고 생각한다.
- 개념적이고 추상적인 단어를 많이 사용하면 더 포괄적이고 포용적인 기획서가 될 것이라고 생각한다.

평가위원들이 기획서에서 찾는 것은 핵심 메시지이다. 앞서 평가위원들이 기획서를 자세히 읽을 시간이 부족하다는 얘기를 했다. 그러다 보니 기획서를 처음부터 끝까지 자세히 읽지 않는 경우가 많다. 특히 평가에 많이 참여해본 평가위원들은 연구개발계획서 목차에 매우 익숙하다. 그래서 빠른 속도로 기획서를 훑어보며 아래 질문에 대한 답을 찾는다.

핵심 메시지
- 무엇을 문제라고 정의하고 있는가?
- 그 문제는 해결이 필요한 중요한 문제인가?
- 그 문제를 어떻게 해결하고자 하는가?
- 해결 방법이 창의적이고 구현 가능한가?
- 정의한 문제를 해결할 인적, 기술적 역량이 있는가?
- 유사한 문제를 해결한 경험과 실적이 있는가?
- 설정한 목표 달성의 평가 방법이 객관적인가?
- 기술개발 후 사업화 목표가 합리적이며 설득력이 있는가?

기획서는 위와 같은 평가위원들의 질문에 명쾌한 대답이 되어야 한다. 앞의 질문들은 기획서를 작성한 후 스스로 평가하는 자가 테스트에 활용할 수도 있겠다.

그런데 우리가 자주 겪는 오류 가운데 하나는 '주관적 편향'이다. 즉, 내가 작성한 기획서를 위 질문에 대응해 보면 모든 메시지가 잘 도출되었다고 판단하기 쉽다. 하지만 중요한 것은 기획서를 평가하는 것은 평가위원이라는 것이다. 그러므로 평가위원이 선호하는 메시지 기본 형식을 이해하는 것도 중요하다.

평가위원이 선호하는 메시지 작성 형식 5가지

① 메시지는 주어와 동사를 포함한 완전한 문장이어야 한다.
② 한 문장에 하나의 메시지만 담아야 한다.
③ 메시지는 두 문장 이내의 완전한 개조식 형식으로 작성해야 한다.
④ 메시지는 앞부분에 핵심을 제시하는 두괄식으로 작성해야 한다.
⑤ 핵심 메시지는 2~3줄 이내로 작성해야 한다.

첫째, 메시지는 주어와 동사를 포함한 완전한 문장이어야 한다.
평가위원들은 메시지를 읽을 때 가장 먼저 주어를 찾는다. 연구개발과제의 필요성을 얘기할 때는 '누가 어떤 어려움을 가지고 있는가'를 언급하기에 평가위원들은 해당 연구가 누구에게 가장 필요한지를 찾는다. 그러므로 반드시 주어가 있어야 한다. 주어가 없으면 전체 맥락을 이해하기 힘들다. 이해하기 어려운 기획서는 전체 내용을 신뢰하기 어렵다.

주어는 주로 명사이다. 명사는 반드시 동사와 함께해야 한다. 즉, 주어가 어떤 행위를 하려면 동사가 함께 와야 한다. 그래야 맥락을 이해할 수 있다.

둘째, 한 문장에 하나의 메시지만 담아야 한다.
효과적인 메시지 전달을 위해서는 하나의 문장에 하나의 메시지만 담는 원칙을 지켜야 한다. 여러 개의 메시지를 한 문장에 억지로 담으면, 문장은 길어지고 의미는 분산된다. 그 결과, 핵심이 무엇인지 평가자가 명확하게 파악하기 어려워진다.

> **예시**
> 본 과제는 국내 기술 자립도를 높이고 관련 산업 생태계를 강화하며 중소기업의 경쟁력을 제고하고자 합니다.

위의 문장은 메시지를 세 개나 담고 있다. 각 목표의 중요도와 우선순위를 판단하기 어렵다. 이보다는 각각의 메시지를 별도 문장으로 분리하는 게 훨씬 효과적이다.

> **수정 예시**
> 본 과제는 국내 기술 자립도를 높이는 것을 1차 목표로 합니다. 이를 통해 관련 산업 생태계를 강화하고자 합니다. 그 결과, 궁극적으로는 중소기업의 글로벌 경쟁력 확보에 기여할 수 있습니다.

이처럼 한 문장에는 하나의 메시지만 포함하는 것이 논리적 구조를 명확히 하고, 메시지의 설득력을 높일 수 있다. 특히 정부R&D과제 기획서처럼 평가자의 빠른 이해와 명료한 판단이 필요한 문서에서는 이 원칙이 더욱 중요하게 작용한다.

셋째, 메시지는 두 문장 이내의 완전한 개조식 형식으로 작성해야 한다. 개조식은 문장을 나누어 핵심을 부각시키는 방식으로, 평가자가 빠르게 내용을 파악할 수 있도록 돕는다.
　정부R&D과제 기획서에서 메시지를 효과적으로 전달하려면 두 문장 이내의 개조식 형식으로 작성하는 것이 바람직하다. '초고속 양자통신 기술 개발'과 같이 명사로 끝나는 개조식은 주체와 맥락을 알 수 없어서 좋지 않다. '본 과제는 초고속 양자통신 기술의 국산화를 목표로 합니다'로 수정할 수 있겠다.

> **개조식은 반드시 명사형으로 끝나야 한다?**
> 개조식(個條式)은 요점이나 단어를 항목별로 나열하는 방식을 말한다. 개조식은 반드시 명사형으로 끝나야 한다는 오해도 있는데, 사실과 다르다. 개조식은 정부 보고서, 공공 문서, 제안서 등에서 자주 사용되며, 주로 아래와 같은 형식을 따른다.
> - 간결하게 핵심만 전달한다.
> - 번호 또는 기호(·, - 등)를 사용하여 나열한다.
> - 문단보다 시각적으로 정돈된 구조를 가진다.
>
> 개조식은 서술어로 끝나는 문장이 더 적절하다. 논리적 완결성(주어+서술어)이 있으며, 메시지가 명확하게 전달되기 때문이다.

메시지를 두 문장 이내로 제한하는 이유는, 과도한 설명이나 복잡한 논리 구조를 피하고 핵심을 간결하게 전달하기 위함이다. 정부과제 기획서는 제한된 분량 내에서 명확한 의도를 전달해야 하므로, 장황한 설명보다는 핵심 중심의 정제된 표현이 요구된다.

즉, 개조식은 단순히 형식적인 요구가 아니라 메시지 전달의 효율성을 높이기 위한 전략적 선택이다. 짧고 명확한 문장은 평가자의 이해도를 높이고, 과제의 논리를 설득할 기반이 된다.

통상적으로 정부R&D과제 기획서는 개조식으로 작성한다. 필요한 항목을 빠르게 파악할 수 있고 요점을 신속하게 전달할 수 있기 때문이다. 하지만 지나친 생략과 축약은 오히려 전달하고자 하는 메시지의 의미를 축소하거나 왜곡할 수 있다. 또한, 문장이 건조하여 쌍방향 소통에 부적합할 수 있다.

개조식과 서술식의 장단점을 보완하고 정확한 메시지를 전달하기 위해서는 완전한 개조식으로 작성하여야 한다. 완전한 개조식이란, 주어와 동사를 포함해서 개조식으로 문장을 쓰는 것을 말한다.

개조식과 서술식의 장단점

구분	개조식	서술식
주요 용도	보고서 공문서 기획서	소설 편지 일기
장점	요점 파악이 쉬움 빠른 내용 파악 가능	충분한 의미 전달 가능 생각과 느낌 표현 용이
단점	생략과 축약으로 의미 전달의 한계 문장이 건조함	요점 파악이 어려움 읽는 데 시간 소요

완전한 개조식의 특징

① 각 항목이 문장 구조를 갖추거나 같은 품사 형태로 나열된다.
② 일반적으로 주어 생략 없이 명확한 구문 또는 명사구 중심이다.
③ 각 항목이 병렬 구조로 문법적으로 일관성을 유지한다.

다음은 기술개발의 배경과 새로운 법률서비스의 필요성을 주장하는 내용을 서술식으로 쓴 글이다.

서술식

대한민국에는 3만 2,600명의 변호사가 활동하고 있으나, 일반인에게 법률서비스의 문턱은 여전히 높게 느껴져 쉽게 이용하기 어려운 실정입니다. 이로 인해 변호사 선임료를 부담하기 어려운 일반인들은 '나홀로 소송'을 선택하는 경우가 많습니다. 그러나 법률 지식이 부족한 일반인이 준비 없이 진행하는 나홀로 소송은 승소 가능성이 낮으며, 이러한 준비되지 않은 소송은 재판 지연 등 다양한 사회적 문제를 유발할 수 있습니다

이어서 같은 내용을 명사로 끝나는 개조식으로 쓴 것이다.

명사로 끝나는 개조식
- 3만 2,600명의 변호사 활동
- 법률서비스 문턱이 높아 쉬운 이용 어려움
- 변호사 선임료 부담 어려움
- '나홀로 소송' 선택 증가
- 법률 지식 부족하여 준비 없는 소송 진행
- 승소 가능성 낮으며 재판 지연 및 사회적 문제 유발

이는 요약식 혹은 불완전한 개조식에 가깝다. 정보 전달이 불완전하고 평가위원들이 맥락을 파악하기 힘든 구조다. 다음은 주어와 동사를 포함한 완전한 개조식이다.

주어와 동사를 포함한 완전한 개조식
- 대한민국에는 3만 2,600명의 변호사가 활동하고 있습니다.
- 일반인은 법률서비스의 문턱을 높게 느껴 쉽게 이용하기 어렵습니다.
- 변호사 선임료를 부담하기 어려운 일반인은 '나홀로 소송'을 선택하는 경우가 많습니다.
- 법률 지식이 부족한 일반인이 준비 없이 나홀로 소송을 진행하면 승소 가능성이 낮습니다.
- 준비되지 않은 소송은 재판 지연 등 다양한 사회적 문제를 유발할 수 있습니다.

넷째, 메시지는 앞부분에 핵심을 제시하는 두괄식으로 작성해야 한다. 평가위원은 초반부에서부터 글의 중심 내용을 먼저 파악하고자 한다. 그래서 글을 '두괄식'으로 쓰면 좋다. 전달하려는 핵심 내용을 가장 앞부분에 제시하며 이야기를 시작하는 방식이다. 핵심 메시지를 이해하고 기획서를 읽기 시작하면 뒤에서 설명하는 내용에 관해 전체적으로 이해할 수 있는 프레임을 갖게 된다.

다섯째, 핵심 메시지는 2~3줄 이내로 작성해야 한다.

정부과제 기획서에는 핵심 메시지를 2~3줄 이내로 작성하는 것이 좋다. 2~3줄로 쓴 메시지가 한눈에 들어오고 읽기 쉽다. 내용이 다소 복잡하고 어려워도 최대 3줄 이내로 해야 한다. 그 이상 길어지면 주어와 동사를 찾기도 어렵고, 집중도를 떨어뜨린다. 3줄 이상으로 작성해야 하는 메시지라면 문장을 둘로 나누는 것을 추천한다. 핵심 메시지를 잘 쓰면 다음과 같은 효과가 있다.

잘 쓴 핵심 메시지의 효과

① 평가위원들이 평가 시간을 더 효율적으로 쓸 수 있다.

기획서를 아무리 읽어봐도 핵심 메시지를 찾지 못하는 경우가 있다. 그러면 평가위원들은 발표평가의 질의응답 시간을 활용해 핵심 메시지를 확인한다. 때로는 질의응답 시간의 절반 이상을 핵심 메시지 확인에 사용하기도 한다. 잘 정리된 핵심 메시지는 평가위원들의 시간을 아껴준다. 이렇게 아낀 시간으로 기획서의 장점과 차별성을 눈여겨볼 여유가 생겨서, 결과적으로 최종 사업 선정에 더욱 유리할 것이다.

② 평가위원에게 긍정적인 인상을 준다.

발표평가 때에도 핵심 메시지를 잘 도출하여 슬라이드에 담는다면, 평가위원들은 발표 내용을 귀로 들으면서 눈으로 한 번 더 핵심 메시지를 확인하게 된다. 이렇게 핵심 메시지를 반복해 명확히 이해하면 발표를 더 긍정적으로 평가할 확률이 높아진다.

③ 기획서의 신뢰도가 높아진다.

잘 도출되고 정리된 메시지는 기획서 전반에 대한 신뢰를 준다. 특히, 여러 과제의 기획서를 평가하는 평가위원의 입장에서 잘 정리된 메시지를 제안한 지원 기관에 더 호의적일 수밖에 없다.

(4) 메시지가 논리적인가?

메시지 작성 단계에서 자주하는 실수
- 논리의 근거를 제시하지 않고 '~을 하겠습니다'라고 주장만 강조한다.
- 제시하는 논리의 근거가 또 다른 형태의 주장인 경우가 많다.
- 반대로, 여러 가지 사실을 나열하지만 그에 따른 주장이 없다.

메시지 작성 시 실수하는 이유는 다음과 같다. 첫째, 주장은 많이 해봤지만, 이를 뒷받침할 만한 논리를 개발하는 훈련을 하지 않았기 때문이다. 둘째, 내가 이해하고 경험한 바를 다른 사람들도 잘 이해해 줄 것으로 생각하여 굳이 근거를 제시하지 않기 때문이다.

하나의 의견을 제시할 때는 최소 2~3개의 근거를 제시해야 한다. 이러한 사실들은 객관적인 것으로, 별도로 입증할 필요가 없는 것이어야 한다. 예를 들어 통계, 보고서, 실험 결과, 기사, 고객 인터뷰 내용 등을 활용할 수 있다.

설득력 있는 논리를 구성하는 요소

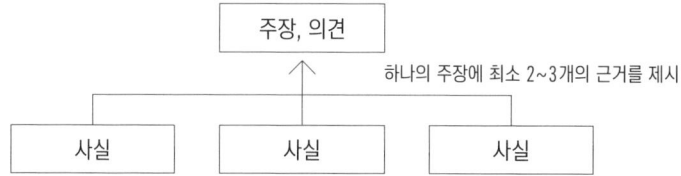

(5) 메시지가 구조화되어 이해하기 쉬운가?

다수의 메시지 활용 단계에서 자주 하는 실수
- 다수의 메시지를 사전에 계획된 순서 또는 구조 없이 기재하여 평가위원이 전체적인 메시지를 파악하기 어렵게 한다.
- 여러 가지 메시지가 왔다 갔다 하여 오히려 혼란을 준다.

메시지를 구조화하기 위한 필수 3요소

① 한눈에 들어와야 한다. (One Sight)
이해하기 쉽게 메시지가 구조화되기 위해서는 한눈에 들어와야 한다. 이미지와 같이 모든 내용을 자세히 읽어보지 않아도 쉽게 파악할 수 있어야 한다.

② 방향이 보여야 한다. (Direction)
정보를 한눈에 확인한 후에는 메시지의 이동과 흐름을 찾을 수 있어야 한다.

③ 문제가 해결되어야 한다. (Problem Solving)
마지막에는 문제해결 방법을 찾는다. 이를 위해서는 전달하고자 하는 메시지가 문제해결을 위한 기능을 명확하게 수행해야 한다.

메시지를 한눈에 볼 수 있는 구조화 방법

① 두괄식 구조
핵심 메시지를 글의 맨 앞에 제시하는 방법이다. 서두에 결론이 먼저 나오고 그 근거와 구체적인 사례를 순차적으로 제시한다. 의사결정 시간이 짧거나 집중도가 낮은 상황에서도 핵심을 빠르게 전달할 수 있는 장점이 있다.

특히 R&D 분야에서는 복잡한 기술적 설명이나 분석 결과를 전달할 때, 결론을 먼저 제시하여 평가자가 빠른 판단을 가능하게 하는 장점이 있다. 핵심이 먼저 명확히 제시되면 그 이후의 설명이나 근거가 더 설득력 있게 전달되는 효과가 있다. 두괄식 구조는 일반적으로 다음 네 가지 순서로 구성된다.

1) 가장 중요한 핵심 메시지를 서두에 배치한다.
2) 그 이유나 배경을 간략히 설명한다.
3) 구체적인 데이터나 사례로 근거를 보완한다.
4) 후속 조치나 요청 사항을 덧붙여 실천을 유도한다.

결론부터 말하기에 익숙해져야 한다. '핵심은 ~입니다', '결론부터 말씀드리면 ~입니다', '요점은 ~입니다'와 같은 문장으로 시작하면 효과적이다. 글을 다 쓰고 핵심 내용을 맨 앞으로 옮기는 연습을 반복해도 두괄식 구조에 익숙해질 수 있다.

② PREP 구조
- Point(주장): 전달하고자 하는 핵심 메시지를 먼저 명확하게 밝힌다.
- Reason(이유): 해당 주장을 뒷받침하는 논리적 이유를 제시한다.
- Example(근거): 구체적인 예시나 데이터, 경험 등을 통해 주장을 실감나게 전달한다.
- Point(반복): 처음 제시한 주장을 다시 강조하며 메시지를 마무리한다.

PREP 구조는 핵심 주장(Point), 이유(Reason), 근거(Example)를 제시한 후 다시 한번 주장(Point)을 반복하여 메시지를 강조하는 방식이다. 이 구조는 특히 상대방을 설득하거나 자기 주장을 논리적으로 설명해야 하는 상황에서 효과적이다. 논리적 흐름이 명확하고, 수신자의 수용도를 높이는 데 유리하다는 점에서 실무적으로 활용되고 있다.

> **PREP 구조 작성 예시**
>
> EV 자동차 폐배터리를 활용한 캠핑용 파워스테이션 기술은 상용화 가능성이 매우 높습니다(Point, 요점). 그 이유는 실험 단계에서 안전성, 출력 효율, 내구성 등 모든 항목에서 목표치를 상회하는 성과를 거두었기 때문입니다(Reason, 이유). 예를 들어, 최근 진행한 고온 환경 테스트에서 일반 배터리는 평균 성능 저하율이 18%였던 반면, 이번 개발 제품은 5% 이내로 안정적인 성능을 유지하였습니다(Example, 사례). 따라서 이 기술은 상용화를 위한 다음 단계로 진입할 준비가 충분히 완료된 상태입니다(Point, 요점).

③ 문제 – 해결(Problem Solution) 구조
- 문제 제시(Problem): 현재 상황에서 해결이 필요한 문제를 명확히 정의한다.
- 문제 원인 분석(Analysis): 문제의 근본적인 원인이나 배경을 설명한다.
- 해결 방안 제시(Solution): 실행 가능한 구체적인 해결책을 제안한다.

현재 직면한 문제를 먼저 제시하고 그 원인과 상황을 설명한 뒤, 이를 해결하기 위한 구체적인 방안을 제시하는 메시지 구성 방식이다. 이 구조는 변화가 필요한 상황을 수신자에게 명확히 인식시키고, 해결책을 설득력 있게 전달하는 데 효과적인 방식이다. 특히 R&D, 기획, 전략 수립 등에서 문제를 정의하고 솔루션을 제

안하는 데 널리 활용된다. 평가자의 공감과 수용을 유도하기 위해, 문제를 객관적으로 제시하고 실현할 수 있는 해결책을 논리적으로 연결하는 것이 핵심이다.

> **문제 – 해결 구조 작성 예시**
>
> 기존 제품의 센서 반응 속도가 경쟁사 대비 느리다는 문제가 있었습니다(Problem, 문제). 아날로그 신호 기반 설계로 인해 신호 처리 지연이 발생한 것이 주요 원인이었습니다(Analysis, 원인 분석). 디지털 신호 기반의 센서 모듈로 구조를 변경한 결과, 반응 속도를 0.5초에서 0.1초로 개선하는 데 성공하였습니다. 이를 통해 제품 경쟁력이 강화되었으며, 향후 고속 응답이 요구되는 분야로의 확장이 가능해졌습니다(Solution, 해결 방안 제시).

④ 과거 – 현재 – 미래 구조
- 과거: 문제의 시작점, 배경, 초기 상황을 설명한다.
- 현재: 현재 진행 중인 상황이나 변화된 상태를 설명한다.
- 미래: 앞으로의 계획, 목표, 기대효과를 제시한다.

시간 흐름에 따라 정보를 배치하는 메시지 구성 방식이다. 평가위원이 변화의 맥락을 자연스럽게 이해하도록 돕는 데 효과적이다. 먼저 과거 상황이나 배경을 제시하고, 현재 상태를 설명한 뒤, 앞으로의 계획이나 방향성을 제안한다. 시간 순서에 따른 전개가 친숙하고 논리적이라 변화 이유가 설득력 있게 전달된다는 장점이 있다. 특히 R&D 기획서, 전략 보고, 프로젝트 리뷰 등에 활용된다.

> **과거 – 현재 – 미래 구조 작성 예시**
>
> 과거에는 자사 센서 기술이 정밀도 면에서 경쟁사 대비 열위에 있었습니다(과거). 이를 개선하기 위해 지난해부터 정밀 제어 알고리즘을 자체 개발하였고, 현재는 시험 단계에서 경쟁 제품 대비 ±5% 수준의 오차율을 기록하고 있습니다(현재). 앞으로는 이 기술을 양산 단계로 확대 적용하여 의료, 자동차 분야로의 시장 진출을 추진할 계획입니다(미래).

2

과제 목표와 내용

연구개발과제의 목표와 내용은 개발하고자 하는 내용과 세부 항목, 정량목표와 평가 방법 및 수행 일정과 결과물을 제시하는 것이다.

```
2. 연구개발과제의 목표 및 내용 ·········································· 14
  2-1. 최종목표 ································································ 14
  2-2. 연구개발 목표 및 내용 ············································· 18
  2-3. 연구개발과제 수행일정 및 주요 결과물 ······················ 29
```

(1) 기획서에 차별성이 있는가?

평가위원이 가장 먼저 확인하는 핵심 내용은 '이 과제가 왜 정부의 예산을 들여 수행해야 하는가?'이다. 그 설득의 시작은 바로 '차별성'이다. 차별성이 없으면 대체 가능한 과제로 보이며, 평가위원은 '굳이 이 과제를 해야 하는가?'라는 의문을 갖게 된다. '우리 과제는 차별성이 있습니다'라는 문장으로 설득할 수 있는 것이 아니다. 차별성은 기획서 전체에 자연스럽게 스며들어야 한다. 따라서 차별성은 기획 시작부터 전략적으로 구축되어야 한다.

차별성을 드러낼 수 있는 4가지 방법

① 기술적 차별성

기존 기술과 구조적으로 다른 기술적 접근이 있거나, 동일 기술이라도 구현 방식에서 실질적인 진보가 있어야 한다.

② 시장 접근 방식의 차별성

같은 문제라도 타겟고객층이나 적용 분야를 새로 정의한 접근은 강력한 차별성이 된다.

③ 기획 배경과 문제 정의의 차별성

같은 문제라도 문제를 바라보는 관점이 새롭고 본질을 정확히 꿰뚫는다면 그 자체로 차별성이 된다.

④ 수행 주체와 역량의 차별성

같은 문제라도 수행기관의 기술력, 노하우, 협력 네트워크 등이 탁월하다면 차별성을 가질 수 있다.

기획서에 차별성을 부여하기 위해서는 '우리는 이 문제를 왜 이 방식으로 풀고자 하는가?'에 대한 자기만의 논리와 근거가 명확히 제시되어야 한다. 흔히 기존의 과제를 일부 수정하거나 유사한 성과 사례를 반복하여 제시하는 오류를 범한다. 이러한 접근은 기존 과제를 단순 반복하는 것처럼 보일 수 있기 때문에 오히려 감점 요인이 될 수 있다.

(2) 기술 및 시장 동향을 파악하고 있는가?

제안하는 기술개발의 우수성을 보이려면 비교 대상이 있어야 한다. 이를 위해서는 기존에 검증된 거시적 및 미시적 분석 방법을 활용하는 것이 유용하다. 여기에서 제안할 방법은 STEEP 분석, 3C 분석, VOC 분석법이다.

① STEEP 분석

Social(사회·문화), Technology(기술·정보), Economy(경제), Ecology(생태·환경) 및 Policy(정책·법규)의 5가지 거시적 영역에서 변화의 요인 및 변화 핵심 동인을 분석하는 것이다. 기업이 통제할 수 없는 정치적, 경제적, 사회 문화적, 기술의 흐름을 분석하는 것으로 PEST 분석에 생태적인 환경 요소가 추가된 개념이다.

STEEP 분석의 목적은, 분석 도출된 변화 요인 및 핵심 동인을 기준으로 기업에게 기회와 위협이 되는 요소를 점검하고 전략적 시사점을 도출하여 기업의 기술 개발부터 전략, 정책 등에 반영하는 것이다.

분석 절차는 아래 4단계로 구성된다.

1) 메가트렌드 데이터마이닝: 정부, 기관 연구 보고서, 미래기술동향보고서, 관련 논문, 국내외 미래 예측 도서 등 문헌조사를 통해 자료를 수집한다.

2) 1차 동인 추출: 문서 수집 후 트렌드를 추출하고 각 내용을 형태소 단위로 분석 후 중요 동인인 키워드를 추출한다.

3) 2차 동인 그룹핑 및 STEEP별 분류: STEEP별 분류 및 중복 키워드 그룹핑 작업 통해 2차 동인을 추출한다.

4) 3차 동인 분류: 용어를 결합하고 2차 동인들을 유사성을 바탕으로 그룹끼리 묶고 동인으로 재분류 및 추출한다.

② 3C 분석

미시적 경영 환경의 주요 구성 요소인 사용자(Customer), 경쟁사(Competitor), 자사(Company)를 분석하여 경영 환경을 입체적으로 이해하고 경쟁 우위를 점하기 위한 기업의 내외부 성공 요인과 전략 대안을 도출하는 데 필요한 분석이다.

또한, 제품 사용자에 대한 분석을 통해 사용자의 라이프 트렌드에 따른 니즈(Needs)와 원츠(Wants), 구매 행태 등을 분석해 타겟에 대한 전략을 도출할 수 있고, 경쟁사 분석을 통해 기술 트렌드 확인 및 신제품 로드맵 전략 등을 세울 수 있으며, 자사 분석을 통해 내외부 역량과 경쟁력 부분을 객관적으로 점검할 수 있다.

사용자(Customer) 관련 질문
- 제품이 소비되는 시장이 있는가?
- 시장의 규모는 어떻게 되는가?

- 시장의 성장성은 어떤가?
- 시장의 성숙도는 어느 수준(단계)인가?

이 질문들을 바탕으로 자사 제품 주 사용자의 특성과 요구 등을 조사한다.

경쟁사(Competitor) 관련 질문
- 경쟁사 제품은 무엇인가?
- 경쟁사 전략은 무엇인가?
- 경쟁 강도는 어떠한가?
- 레드오션인가 블루오션인가?
- 진입장벽이 높은가, 낮은가?

이 질문들을 바탕으로 시장 점유율을 가지고 있는 경쟁사들을 조사한다.

마지막으로 자사(Company) 분석은 자사 비전과 목표에 부합하는가를 알아보기 위한 기준이 된다. 우리 회사가 해당 과제 또는 사업을 추진하기 위한 인적, 물적, 기술적 자원을 가지고 있는지를 점검한다. 나아가 기존의 다른 사업들과 시너지가 있는지를 확인한다.

③ VOC 분석

제품 또는 서비스 제공자 관점에서 인식하는 제공 가치와 실제 사용자가 인식하고 있는 경험 가치와의 차이를 'VOC(Voice of Customer)'라고 하며, '경험 차이(Experience Gap)'라고도 한다. 이런 차이에 대하여 사용자는 문의, 제안, 불만의 형태로 VOC를 발생시킨다.

다양한 채널을 통해 파편화되어 있는 사용자 목소리(불만, 평판) 및 사용자의 전반적인 경험을 주도적으로 찾아내어 피드백을 통합적으로 이해하고 전사적으로 사용자의 잠재적 요구에 신속하게 대응하여 사용자 가치와 만족도를 극대화하기 위해 노력해야 한다.

정부과제 수행 관점에서 VOC는 해결이 필요한 사항에 대한 사용자 중심의 핵심 요구사항으로 해석할 수 있다. 즉, VOC가 크면 클수록 해당 과제의 수행 필요성도 높아지게 된다.

(3) 평가 방법이 객관적인가?

객관적인 평가 방법은 단순한 평가 도구가 아니라, 기획서 전반의 신뢰도를 결정짓는 핵심 요소로 작용한다.

정부과제의 성과는 단순한 활동 보고나 주관적 만족도 평가로 측정해서는 안 된다. 성과의 타당성과 실현 가능성을 입증하려면 객관적이고 검증 가능한 평가 기준이 반드시 필요하다. 따라서 평가위원은 '제안된 목표가 실제로 달성되었는지 어떻게 증명할 것인가?'를 매우 중요하게 살펴보게 된다.

객관적인 평가는 정량화된 수치 목표를 기반으로 하되, 이를 신뢰 가능한 방법으로 측정 가능하도록 설계하는 것이 핵심이다. 이때 가장 명확하고 신뢰할 수 있는 방법은 공인 시험·인증기관에서 발급하는 시험성적서나 인증서를 평가 결과로 제시하는 것이다.

예를 들어, 제품 포장용 특수플라스틱을 개발하는 과제의 평가 항목이 수분 투과율이고 목표가 0.5% 미만 달성이라는 목표를 설정했다면, 이를 실험실에서 자체 측정하거나 개발자의 주관적 기준으로 판단해서는 객관성이 부족하다. 대신, 공신력 있는 제3기관에서 시험을 진행하고, 공인시험 성적서를 성과 증빙 자료로 활용하겠다고 기획서에 작성해야 한다. 이러한 방식은 평가위원에게 높은 신뢰를 주며, 성과 관리의 투명성과 공정성을 확보하겠다는 의지를 전달하는 효과가 있다.

한편 정성적 목표를 반드시 배제할 필요는 없으나 가능하면 정량지표와 연결하거나 사전 정의된 측정 기준을 통해 결과를 계량화할 수 있어야 한다. 예를 들어, 사용자 만족도나 디자인 품질 등 정성지표도 5점 리커트 척도 기반 설문조사, 전문가 블라인드 평가(사전 체크리스트 활용) 등의 방식으로 평가 방법을 구조화하면 객관성을 보완할 수 있다.

궁극적으로 객관적인 평가는 '누가, 무엇을, 어떻게 측정할 것인가?'에 대한 답을 구체적으로 제시하는 데에서 출발한다. 이는 평가자의 주관 개입을 최소화하고, 제안된 목표가 실제로 달성되었는지를 외부의 누가 평가하더라도 동일한 결과를 도출할 수 있도록 설계하는 것을 의미한다.

객관적인 평가 방법 제시 방법
- 정량지표 설정: 수치 목표를 명확하게 제시한다.
- 공인인증기관 시험: 시험성적서, 인증서 등 외부 검증 결과를 활용한다.

요약하면, 정량목표의 모든 평가 항목의 평가 방법으로 공인인증기관 시험성적서를 제출하겠다고 하면 평가위원들에게 더 신뢰감을 줄 수 있다.

3

추진전략 및 추진체계

추진전략과 추진체계는 해당 과제에 참여할 연구개발기관 선정과 단계별, 연차별로 연구개발기관별 수행 내용을 분담하는 것이며, 나아가 참여할 전문 인력, 역할 및 일정을 정의하는 것이다.

```
3. 연구개발과제의 추진전략·방법 및 추진체계 ·············· 31
  3-1. 기술개발 추진방법·전략 ································· 31
  3-2. 기술개발 추진체계 ········································ 32
  3-3. 기술개발팀 편성도 ········································ 33
  3-4. 과제 수행 중 일자리 창출 계획·방법 ················ 34
```

(1) 추진전략이 명확한가?

추진전략은 연구개발 목표를 달성하기 위한 길잡이다. 목표, 실행 단계, 우선순위, 리스크 대응이 하나의 흐름으로 이어져야 한다. 추진전략의 세부 작성 방법은 아래와 같다.

추진전략 세부 작성 방법
- 과제 종료 시 달성해야 할 최종 성과를 숫자로 제시해야 한다. (목표)
  예) 3년 내 핵심 알고리즘 정확도 95% 달성 및 상용화 시제품 완성
- 기술 전략, 시장 전략 등을 2~3개 축으로 구분한다. (전략 구조화)

예) 착수 → 중간 → 종료 단계별로 수행 내용과 산출물 명확화
- 기술적·사업적 리스크와 대응 계획을 포함한다. (리스크 관리)
- Gantt 차트, 단계별 로드맵, 마일스톤 표를 삽입한다. (시각 자료 활용)

추진전략에서 평가위원이 확인하는 사항
- 추진전략과 목표가 논리적으로 연결되어 있는가?
- 단계별 활동과 산출물이 구체적인가?
- 단순 나열이 아니라 '전략 → 실행 → 성과'의 흐름이 있는가?

> **작성 예시**
>
> 본 과제는 3년 내 ○○기술 기반의 ○○시스템 상용화를 목표로 합니다. 추진전략은 ① 핵심 원천기술 완성, ② 제품 모듈화 및 양산 설계, ③ 국내외 시장 진입 가속화로 구성하였습니다.
> - 1년차: 핵심 알고리즘 개발 및 성능 검증(목표: 정확도 90% 이상)
> - 2년차: 하드웨어 모듈 설계 및 시제품 완성(목표: 시제품 완성률 100%)
> - 3년차: 파일럿 적용 및 인증 획득(목표: 인증 2종 이상)
>
> 각 단계에서 발생 가능한 기술 지연 리스크는 대체 부품 확보 및 병행 검증 프로세스로 대응하고자 합니다.

추진전략 작성 시 유의사항
- 전략과 실행이 따로 놀면 안 된다. 전략은 멋있게 써놓고 실행 계획은 다른 방향으로 흘러가는 경우가 많다. 반드시 목표 → 전략 → 단계별 계획이 논리적으로 연결되어야 한다.
- 과도한 포괄성을 유의해야 한다. '기술개발과 시장 진출을 동시에 추진한다'처럼 추상적인 표현은 피하고, 핵심 목표 2~3개에 집중해야 한다.
- 로드맵이 있어야 한다. 평가위원은 시각적 로드맵을 선호한다. 표나 그림 없이 글만 나열하면 전략의 완결성이 떨어져 보인다.

(2) 연구개발기관 구성이 타당한가?

'왜 이 기관이 꼭 필요한지'를 설명하고, 역할 분담이 명확하며, 시너지 구조가 보여야 한다. 먼저, 주관연구개발기관은 일정 매출 규모가 있는 기관이어야 한다(단, 주관연구개발기관의 자격이 비영리기관 또는 제한없음인 경우에는 예외이다). '일정 매출 규모가 있다'는 것은 최소 정부지원금의 2~3배 매출이 있음을 의미한다. 즉, 정부지원금이 30억 원이라면 주관연구개발기관의 최소 매출액은 60억~90억 원 이상이어야 한다. 이것은 신뢰의 문제이다.

연구개발기관 구성의 세부 작성 방법

— 연구개발기관 선정의 이유를 보여주어야 한다. 이를 위해서는 각 기관의 핵심 역량, 보유 장비, 연구 실적을 함께 제시해야 한다.
— 각 기관의 역할과 책임(R&R)을 구체화해야 한다. 과제 세부 항목별로 담당 기관의 역할을 명확히 표기해야 한다.
— 협력 구조를 보여주어야 한다. 주관 – 참여기관 상호간 협력 메커니즘을 제시해야 한다. 협력 방안은 정기 회의, 워크숍, 데이터 공유, 사업화 방안 등이 있다.
— 중복 또는 공백이 없어야 한다. 연구개발 영역이 겹치지 않도록 해야 하고, 목차에서 제시한 연구개발 항목 가운데 누구도 담당하지 않는 사항은 없는지 확인해야 한다.

연구개발기관 구성에서 평가위원이 확인하는 사항

— 기관의 보유 역량과 과제 목표가 부합하는가?
— 역할 분담이 명확한가?
— 기관 간 협업 구조가 실질적으로 작동할 수 있는가?

> **작성 예시**
>
> 주관기관 A사는 ○○ 기술 분야에서 10년 이상 연구 경험과 생산 설비를 보유하고 있으며, 참여기관 B대학은 ○○ 알고리즘 개발에서 국내 최고 수준의 논문 실적과 특허 3건을 보유하고 있습니다. C기업은 양산 설계와 해외 인증 경험이 풍부해 상용화 단계를 담당합니다. 각 기관은 '기술개발 – 검증 – 양산'의 R&D 밸류체인을 구축하여, 매월 공동 기술 회의를 통해 진척 상황을 공유할 계획입니다.

연구개발기관 구성 시 유의사항
- 기관 역할이 중복되지는 않는지 확인해야 한다. 각 기관의 역할이 겹치면 평가에서 비효율적인 구성으로 감점을 받을 수 있다.
- 역량 부적합은 없는지 확인해야 한다. 각 기관의 과거 실적이나 보유 장비가 과제 목표와 직접적으로 관련이 있는 것을 찾아서 포함해야 한다. 실적은 많이 작성했으나 해당 과제와 연관성이 적으면 오히려 설득력을 약화할 수 있다.
- 협력 구조가 빈약하지는 않은지 점검한다. 단순히 협력한다고만 쓰지 말고, 정기 회의, 데이터 공유 시스템, 의사결정 절차를 명시한다.

(3) 연구개발인력의 연구 역량이 적정한가?

연구개발인력은 숫자가 아니라 전문성의 증거로 평가된다. 해당 분야에 관한 경험과 실적이 명확히 드러나야 한다.

연구개발인력 세부 작성 방법
- 전체 참여 인력 중 핵심 인력을 우선적으로 배치하도록 작성한다.
- 학위, 경력, 특허, 논문, 이전 성공 과제 경험 등 이력과 실적을 적극적으로 제시한다.
- 개발, 검증, 사업화 등 역할별 기능별 배치표를 작성한다. (보통 양식으로 주어진다.)
- 각 인력의 참여 기간과 시간 투입률을 명확히 기재한다. (투입 기간과 참여 비율 명시)

연구개발인력 구성에서 평가위원이 확인하는 사항
- 인력이 과제 목표 달성에 충분한 전문성을 갖췄는가?
- 배치와 역할이 과제 수행에 합리적인가?
- 과거 실적이 이번 과제와 직접적인 연관성이 있는가?

> **작성 예시**
>
> 본 과제에는 총 12명의 인력이 투입되며, 석·박사급 인력이 6명입니다. 책임연구원 김○○ 박사는 ○○기술개발에서 15년 경력과 관련 특허 5건, 논문 8편을 보유하고 있습니다. 개발팀은 핵심 알고리즘 설계, 검증팀은 성능 테스트 및 품질 평가, 사업화팀은 시장 검증과 인증 절차를 담당합니다.

연구개발인력 구성 시 유의사항
- 이름만 올려놓고 실제 투입 계획이 없는 형식적 인력 배치는 하지 않아야 한다 (심사에서 드러남).
- 참여 연구원의 경력과 실적이 해당 과제와 무관하면 오히려 감점 요인이 될 수 있다.
- 한 명이 여러 과제에 중복 참여할 경우, 해당 과제 참여율이 최소 10% 이상이 되도록 해야 한다.

앞서 언급한 유의사항들이 잘 지켜지지 않을 경우, 평가위원은 해당 과제에 오히려 감점을 줄 수도 있다.

4

성과의 활용방안 및 기대효과

성과 활용방안과 기대효과의 주요 항목은 연구개발성과를 경제적, 사회적, 기술적으로 파악하는 것도 있지만, 주요 내용은 사업화와 산업에의 확산이다.

```
4. 연구개발성과의 활용방안 및 기대효과 ·············································· 35
   4-1. 연구개발성과의 활용방안 ······················································· 35
   4-2. 연구개발성과의 기대효과 ······················································· 35
   4-3. 연구개발성과의 기술기여도 ···················································· 36
5. 연구개발성과의 사업화 전략 및 계획 ················································ 37
   5-1. 국내·외 기술과 시장 현황 ····················································· 37
   5-2. 관련 지식재산권, 표준화 및 인증기준 현황 등 ··························· 40
   5-3. 표준화 전략 ············································································ 40
   5-4. 경제적 성과 창출계획 ····························································· 40
   5-5. 사회적 가치 창출 계획 ··························································· 43
```

(1) 사업화 계획이 구체적인가?

사업화 계획에는 무엇을, 언제, 어떻게, 누구와 하는지에 관한 내용이 담겨야 한다.

사업화 계획에 대한 세부 작성 방법

- 시장 규모, 성장률, 고객 세그먼트 등 목표 시장을 명확하게 정의해야 한다.
- 가격, 판매 채널, 마케팅 전략 등 시장 진입 전략을 수립해야 한다.
- 유통, 제조, 서비스 등을 혼자 모두 수행할 수 없으므로 협력사를 구체화해야 한다.
- 양산 일정, 물류 체계, 판매 계획 등 생산과 유통 시나리오를 작성해야 한다.

사업화 계획에서 평가위원이 확인하는 사항

- 사업화 계획이 구체적이고 실행 가능해 보이는가?
- 파트너사나 유통망 확보 등 실행 근거가 있는가?
- 타임라인이 현실적인가?

> **작성 예시**
>
> 본 제품은 1차 목표 시장을 국내 B2B, 2차 목표 시장을 일본·동남아로 설정하였습니다. 출시 첫해 국내 주요 유통망 3곳과 공급 계약을 체결하고, 2년차부터 OEM 생산 체제를 구축하겠습니다. 해외 진출은 현지 인증 절차를 완료한 후 3년 차에 추진하겠습니다.

사업화 계획 작성 시 유의사항

- '시장이 크다' 수준의 막연한 기술은 신뢰를 잃을 수 있다. 반드시 숫자와 출처를 명시해야 한다.
- 누가 주도할지, 어떤 조직에서 담당할지 명확하게 작성해야 한다.
- 제품 개발과 인증, 생산, 출시 일정을 과도하게 압축하면 비현실적으로 보일 수 있다. 그러므로 타임라인을 작성하고 사업화 추진 계획을 가급적 여유 있게 잡아야 한다.

사업화 계획 작성 시 비즈니스모델 캔버스(BMC)를 많이 사용한다. 유의점은 다음과 같다.

① 9개 블록이 유기적으로 연결되어야 한다.
BMC는 사업의 전체 구조를 한눈에 보여주는 지도이므로, 각 항목이 단독으로 적혀 있으면 안 되며 9개 블록이 함께 유기적으로 연결되어야 한다.
9개 블록의 작성 순서는 고객 세그먼트 → 제공 가치 → 고객 관계 → 채널 → 수익 구조 → 핵심 활동 → 핵심 자원 → 핵심 파트너 → 비용 구조로 작성해야 논리적 흐름을 제대로 이어갈 수 있다.

비즈니스 모델 캔버스 작성 순서

Key Partners 핵심 파트너 ⑧	Key Activities 핵심 활동 ⑥	Value Proposition 제공 가치 ②	Customer Relationships 고객 관계 ③	Customer Segments 고객 세그먼트 ①
	Key Resources 핵심 자원 ⑦		Channels 채널 ④	
Cost Structure 비용 구조 ⑨			Revenue Streams 수익 구조 ⑤	

비즈니스 모델 캔버스 항목별 세부 질문

Key Partners	Key Activities	Value Proposition	Customer Relationships	Customer Segments

· 누가 핵심 파트너인가?
· 누가 중요한 공급업체인가?
· 어떤 리소스를 파트너로부터 공급받을 것인가?
· 어떤 Activity를 파트너가 수행할 것인가?
	· Value Proposition을 구현하기 위한 핵심 Activity는 무엇인가?
	  - 기술 개발
	  - 핵심부품 조달
	  - 생산
	  - Platform/Network
		· 고객에게 경쟁사와 차별화된 어떤 가치를 제공할 것인가?
		· 고객의 어떤 문제를 우리가 해결하고자 하는가?
		· 고객의 어떤 니즈를 충족시키고자 하는가?
		· 고객 Segment별로 어떤 제품과 서비스를 제공할 것인가?
			· 고객 Segment별 어떤 유형의 고객 관계를 형성하고 유지할 것인가?
			· 고객 관계 유지에 얼마나 비용이 소요되는가?
			· 이미 당사가 확보하고 있는 고객 관계 유형은 무엇인가?
			· 그것들은 우리 BM과 어떻게 통합되어 있는가?
				· 어떤 고객 Segment를 대상으로 가치를 창출하고자 하는가?
				· 가장 중요한 고객 Segment는 무엇인가?

	Key Resources
	· Value Proposition을 구현하기 위한 핵심 자원은 무엇인가?
	  - Physical Asset
	  - Intellectual Asset
	  - 인적 역량
	  - 재무적 투자 여력
			Channels
			· 어떤 채널을 통해 고객 Segment와 접할까?
			· 지금은 어떤 채널을 통해 고객들과 만나는가?
			· 채널은 통합되었는가?
			· 어떤 채널이 가장 효과적인가?
			· 어떤 채널이 비용효율적인가?
			· 고객 소비 행동과 우리 채널들을 어떻게 통합할 것인가?	

Cost Structure	Revenue Streams
· 우리의 BM과 관련되어 가장 중요한 Cost는 무엇인가? · 어떤 Key Resource가 비싼가? 어떻게 관리할 것인가? · 어떤 Key Activity가 비용이 많이 드는가? · 어떤 비용을 고정비로 처리할 것인가?	· 고객들은 어떤 가치 때문에 기꺼이 지갑을 열 것인가? · 고객들은 현재 어떤 가치를 중요시하는가? 어떻게 지불하고 있는가? · 어떻게 지불하는 것을 선호할 것인가? · 이 신제품이 당사의 매출에 얼마나 공헌할 수 있는가?

② 정부R&D과제 특성을 반영하여야 한다.
BMC는 원래 창업 또는 스타트업용 툴이라서, 그대로 쓰면 정부과제 취지에 맞지 않을 수 있다. 정부R&D과제에서는 기술개발 – 사업화 연계성이 핵심이므로, 가치 제안(Value Proposition)은 정부 지원이 필요한 기술의 독창성과 차별성을 강조하여 작성하는 것이 좋다. 또한, 핵심 활동(Key Activities)은 R&D 수행 이후 사업화 전환 과정을 구체적으로 작성하는 것이 필요하다.

③ 숫자와 근거가 없는 막연한 희망사항을 작성해서는 안 된다.
글로벌 시장 진출, 시장 점유율 향상 등 구체적 근거가 없는 추상적 목표를 작성하는 것은 신뢰도를 떨어뜨린다. 고객 세그먼트, 시장규모, 예상 매출 등은 반드시 통계 자료, 시장 보고서, 기존 수요처 인터뷰 자료 등 근거를 제시하여 작성하도록 한다.

④ 기술과 시장이 모두 살아있어야 한다.
많은 기획서가 기술 설명은 잘하지만, 고객 관점과 사업성 설명이 약하다는 한계가 있다. BMC의 가치 제안은 기술적 장점과 고객의 문제 해결 효과를 함께 결합하여 작성해야 한다. 예를 들어, '대형 빌딩 운영비를 연간 ○○억 원 절감' 등으로 작성할 수 있겠다.

⑤ 수익 구조(Revenue Streams)와 비용 구조(Cost Structure)는 현실성을 고려하여야 한다.
수익 구조는 1차 매출원과 2차 부가 매출원을 구분하여 작성하는 것도 좋은 방법이다. 정부과제에서 과도한 영업이익 달성 목표를 제시하는 것은 허황으로 보일 위험이 있으므로, 업계 평균과 유사 제품 데이터를 참고하는 것이 좋다. 비용 구조에는 주로 R&D 비용, 개발 인력 인건비, 마케팅, 유통, AS 비용 등 자세한 내용을 반영하면 된다.

⑥ 핵심 파트너(Key Partners) 선정에는 신중해야 한다.
핵심 파트너란에 단순히 협력 가능 정도로 적으면 점수를 얻기 어렵다. MOU 체

결, 공급 계약 논의, 공동 개발 협약서 초안 등 구체적 근거를 제시하면 훨씬 설득력이 있다. 특히 수요기업을 함께 참여시키거나 유통 채널을 보유하고 있는 기업이 포함되면 가산점을 받는 것도 가능하다.

(2) 사업화 계획에 설득력이 있는가?

근거 없는 계획은 설득력이 없다. 시장 조사, 경쟁 분석, 수익 구조가 뒷받침되어야 한다.

사업화 계획의 세부 작성 방법
- 공신력 있는 통계, 리서치 기관 자료를 활용하여 시장 규모에 대한 근거가 명확해야 한다.
- 경쟁 제품 대비 강점, 약점, 차별성 등을 포함하는 경쟁 분석을 작성해야 한다.
- 매출원, 이익률, 투자 회수 기간 등을 포함하는 수익 구조를 명확히 해야 한다.
- 기술, 시장, 재무 리스크와 대응책을 함께 고려해야 한다.

사업화 계획에서 평가위원이 확인하는 사항
- 데이터 기반의 계획인가?
- 경쟁 제품과 비교했을 때 우위가 명확한가?
- 리스크 대응이 구체적인가?

> **작성 예시**
> ○○리서치 보고서에 따르면 국내 ○○ 시장은 연평균 12% 성장 중입니다. 경쟁사 대비 20% 향상된 성능과 15% 낮은 가격으로 차별화하며, 초기 3년간 매출 50억 원, 영업이익률 25%를 목표로 하고 있습니다. 공급망 리스크에 대비해 2개 이상의 대체 부품사를 확보하였습니다.

사업화 계획 작성 시 유의사항
- 경쟁사와의 비교 없이 우리 제품이 우수하다고만 주장하면 설득력이 없으므로 반드시 경쟁 분석을 해야 한다.

- 매출과 이익률, 회수 기간을 제시하지 않으면 투자 대비 효과를 판단할 수 없으므로 수익 구조를 명확히 제시해야 한다.
- 리스크를 전혀 언급하지 않으면 현실성이 부족해 보일 수 있으므로 리스크를 언급한 후 대응책까지 제시해야 한다.

(3) 사업화 예상 매출액이 정부R&D 지원금 대비 효과적인가?

사업화 예상 매출을 선언하는 것으로는 부족하다. 투자 대비 성과를 수치로 보여줘야 한다. 하지만 근거 없는 과대 예측은 신뢰를 잃게 되므로 숫자 등 근거를 통해 설득력을 높여야 한다. 정부R&D 과제의 경우, 연구개발 종료 후 3년간 사업화 매출 목표가 R&D 정부지원금의 최소 3배수 이상은 되어야 한다.

사업화 예상 매출액 세부 작성 방법
- 지원금 대비 매출과 이익 비율을 산출하는 ROI를 계산한다.
- 시장 규모 × 점유율 × 단가로 계산 근거를 제시해야 한다.
- 과제 종료 후 3년차 이후 연도별로 매출 증가 흐름을 제시한다(기간별 성장 시나리오).
- 너무 낙관적인 숫자 제시는 지양하고 가급적 보수적으로 예측 원칙을 적용했음을 강조해야 한다.

사업화 예상 매출에서 평가위원이 확인하는 사항
- ROI가 타당한가?
- 매출 예측이 과제 규모와 시장 상황에 부합하는가?
- 근거가 명확한가?

> **작성 예시**
> 총 정부지원금 5억 원 대비 3년 내 누적 매출 30억 원, ROI 600%를 목표로 설정하였습니다. 이를 위해 단가 50만 원, 연간 판매량 2,000대 기준으로 시장 점유율 5%를 달성하고자 합니다.

사업화 예상 매출 작성 시 유의사항

- 시장 규모나 점유율, 단가 계산 없이 단순히 '3년 후 매출 100억 원'처럼 쓰면 신뢰도가 급격히 낮아지게 된다.
- 비현실적으로 높은 ROI 제시는 오히려 감점 요소가 된다. 매출 예상을 보수적으로 계산했음에도 성장하고 있는 모습을 보여주어야 한다.
- 매출만 강조하고 비용, 투자 회수 기간을 언급하지 않으면 효과성 평가에서 오히려 불신을 줄 수 있다.

평가위원이 중점적으로 확인하는 사항

항목	내용
가능성보다는 실행력	화려한 비전보다는 실행의 근거와 데이터를 확인한다.
출처 없는 숫자는 마이너스	시장 규모, 매출 전망 등은 반드시 공식 통계나 리서치 자료를 인용해야 한다.
중복, 공백, 불일치 점검	목표, 전략, 인력, 예산, 일정이 서로 불일치하거나 중복되면 평가에서 신뢰도에 치명적인 영향을 줄 수 있다.

6장 요약

- 과제 개요에서 필요성, 핵심 아이디어를 명확한 메시지와 논리를 통해 평가위원들이 이해하기 쉽게 작성하자.
- 다른 신청 기관들이 미처 생각하지 못할 것 같은 우리만의 차별적인 요소를 찾아 반영하고, 수행 방법에 따른 평가 방법을 객관적으로 설정하자.
- 주관연구개발기관은 일정 매출 규모가 있는 신뢰할 수 있는 기관으로 하고, 참여하는 각 기관의 역할은 구체적으로 작성하자.
- 사업화 계획은 기존의 사업화 경험을 바탕으로 작성하되, 과제 종료 후 3년간 사업화 매출 목표를 정부 지원금의 최소 3배 이상으로 설정하자.

항목	평가위원의 관점
과제 개요	· 과제 추진 배경과 필요성이 설득력이 있는가? · 해결 아이디어가 명확한가? · 핵심 메시지가 있는가? · 메시지가 논리적인가? · 메시지가 구조화되어 이해하기 쉬운가?
과제 목표와 내용	· 계획서에 차별성이 있는가? · 기술 및 시장 동향을 파악하고 있는가? · 평가 방법이 객관적인가?
추진전략 및 추진체계	· 추진전략이 명확한가? · 연구개발기관 구성이 타당한가? · 연구개발인력의 연구 역량이 적정한가?
성과의 활용방안 및 기대효과	· 사업화 계획이 구체적인가? · 사업화 계획이 설득력이 있는가? · 사업화 예상 매출액이 정부R&D지원금 대비 효과적인가?

7장.

발표자료와 발표평가

1

PPT, 보고서보다 논리는 줄이고 메시지는 키워라

많은 사람이 보고서 내용을 그대로 옮겨 발표자료(PPT)를 만든다. 그러나 보고서와 PPT는 용도가 다르다. 보고서는 논리와 근거로 평가위원을 설득하는 문서이고, PPT는 핵심 메시지로 관심을 끌고 납득시키는 도구다. 이를 위해서는 많은 내용을 담으려는 욕심은 버리고 주요 메시지를 돋보이게 해야 한다.

보고서와 PPT의 핵심적 차이

항목	보고서	PPT
목적	논리로 설득하기	메시지로 납득시키기
내용	자세함, 근거 중심	간결함, 요점 중심
형식	글 중심, 정형화	도식, 도표, 시각화
평가위원의 행동	천천히 읽고 판단	짧은 시간에 인상으로 판단
문장 구조	정보 중심 서술형	결론 중심 슬로건형

PPT 작성 시 유의할 점

① 하나의 슬라이드에는 하나의 메시지만 담아야 한다.
   예시) 이 기술은 고령자 사고율을 40% 줄입니다.

하나의 장표에 다수의 메시지를 포함시키는 것은 내가 전달하고자 하는 주요 메시지를 희석하고 서로 침해한다. 이러면 메시지가 제대로 전달되지 않는다.
② 텍스트를 줄이고 시각화를 늘린다. 도표, 흐름도, 인포그래픽, 도식을 주로 표현하여 이해를 돕는 도구로 활용한다.
③ 구체적 수치보다는 의미 있는 변화에 초점을 둔다.
Before: 특정 기술을 통해 작업 시간을 2시간 줄였다.
After: 직원들의 작업 시간이 2시간 줄어들어 야간 잔업 없이 정시에 퇴근할 수 있었습니다.
④ 문장은 슬로건처럼 짧고 강하게 작성해야 한다.
예시) 우리는 불편을 줄이지 않습니다, 사라지게 만듭니다.

PPT에 포함되어야 하는 요소
- 현장의 절실함을 보여주는 사례와 구체적인 모습이 담긴 사진과 증거물
- 기획자의 진정성과 신념을 표현할 수 있는 스토리
- 실행 후를 상상할 수 있는 변화 이미지

PPT에는 사례, 사진, 이미지, 도표, 슬로건 등을 많이 포함하여 평가위원이 시각적인 인지를 통해 짧은 시간에 깊은 인상을 받도록 하는 것이 핵심이다.

또한 PPT는 슬라이드용으로 설계하되 슬라이드 하단에 간단한 보충 설명을 작성하면 좋다. 선정평가장에서는 발표자료 7부를 인쇄하여 각 평가위원에게 1부씩 전달한다. 평가위원은 발표자의 발표 속도보다도 자기 이해 속도에 맞춰 인쇄물을 살펴보며 질문을 준비한다.

기획서가 '이 과제가 왜 필요한가'를 논리적으로 설명하는 문서라면, PPT는 '우리가 이 과제를 해야 한다'라는 메시지를 전하는 무대라고 할 수 있다. 과제의 선정과 탈락이라는 성패는 제출한 문서보다도 대부분 발표장에서의 슬라이드와 발표자가 전달하는 메시지를 통해 결정된다.

2

발표자료에 WoW 스토리를 담는 법

평가위원의 마음을 움직이는 발표에는 스토리가 필요하다. 그러므로 PPT를 한 편의 드라마처럼 설계해야 한다.

스토리는 감정의 통로다. 스토리는 숫자와 논리만으로는 불가능한 공감과 인식의 전환을 가능하게 한다. '이 기술로 공정 효율이 15% 개선됩니다'보다 '이 기술 덕분에 불안하던 작업 환경이 안정되자, 놀랍게도 공정 효율이 15%나 올랐습니다. 안전이 곧 성과라는 걸 보여주는 변화였습니다'가 주는 설득력이 있다. '이 기술로 10억 원의 비용을 절감할 수 있습니다'보다 '이 기술로 10억 원의 비용을 절감할 수 있습니다. 하지만, 우리가 더 값지게 생각하는 것은 250명의 작업자가 더 안전하게 업무에 몰입할 수 있게 된다는 사실입니다'가 더 깊은 인상을 준다.

PPT에 스토리를 효과적으로 배치하는 TIP
- 도입부: 사용자 스토리를 넣으면 즉각 공감을 얻을 수 있다.
- 중간: 전략 소개에 도식, 흐름도에 사례를 곁들여 '우리는 왜 다른가'를 강조한다.
- 마무리: 변화한 미래 모습을 제시한다.

PPT를 구성하는 3단계

단계	구성 요소	핵심 내용	슬라이드 예
1막: 문제 제기	문제, 공감	왜 이 과제가 지금 필요한가?	현장 사진, 사용자 인터뷰
2막: 해결 제안	전략, 차별성	우리는 어떻게 해결하려 하는가?	핵심 전략 도식화
3막: 변화 예고	기대효과, 비전	그래서 어떤 변화가 생기는가?	전후 비교, 영향도 요약

PPT에 담을 수 있는 스토리 종류 (*더 자세한 스토리텔링 유형은 5장 참고)

스토리 모티브	설명	예시
사용자 스토리	수혜자 또는 고객이 겪는 어려움	우리 어머니는 아직도 맥도날드 키오스크 앞에서 망설이며 한참을 서 계십니다.
현장 사례	문제의 절실함을 보여주는 실제 장면	매일 3시간, 수작업 보고서를 작성하는 현장 작업자들!
기획자 스토리	기획자가 이 문제를 왜 풀려고 하는지	이 과제는 제 동생의 경험에서 출발했습니다.
미래 변화 스토리	과제가 성공했을 때 변화된 모습	3년 후, 제조업 생태계는 이렇게 바뀝니다.

3

발표평가에서 흔히 하는 실수와 극복법

(1) 보고하듯 발표자료 읽기

설명 위주의 발표자료를 있는 그대로 다시 읽는 발표는 평가위원들의 관심과 신뢰를 떨어뜨린다. 이는 특히 글이 많은 PPT를 그대로 읽을 때 극대화된다. 이미 눈으로 모두 읽은 내용을 똑같이 듣는 시간은 고통스럽고 지루하다. 이런 경우는 보통 핵심도 잘 전달하지 못하고 말투와 억양도 단조로워 청중이 집중하지 못한다. 이처럼 지루한 발표는 그만큼 과제의 선정 가능성을 낮춘다.

　이를 극복하기 위해 PPT는 핵심 메시지 중심으로 작성하고, 발표자는 메시지에 담긴 의미를 말로 보충해야 한다. 이를 위해 PPT를 무대 배경이라 생각해야 한다. 또한, 슬라이드마다 2줄을 넘지 않는 하나의 문장으로 핵심 메시지를 작성하면 좋다. 그러면 평가자는 눈으로 슬라이드에 기재된 핵심 메시지를 읽고, 그 메시지에 담긴 의미를 발표자의 설명으로 들으며 그 내용을 더욱 신뢰하게 된다.

(2) 발표 시간 관리 실패

발표 시간을 초과할 때는 주로 중간 설명에 너무 많은 시간을 소비해서 정작 중요한 결론을 말할 때면 시간이 부족하여 중요한 부분을 생략하거나 허둥대는 모습을 보이게 된다. 반대로 발표 시간이 많이 남을 때는 준비한 내용을 너무 빨리 설명해서 메시지 전달이 제대로 안 되기도 하고 성의가 없다는 인상을 줄 수도 있다. 이상적인 발표 시간은 주어진 시간에서 10~30초 정도 남겨둔 상태로 발표를 마무리하는 것이다. 발표 연습 시에는 1분 정도의 시간을 남기도록 준비하는 게 좋다.

    발표 시간을 맞추기 위해서는 도입 - 핵심 - 결론 발표에 사용할 시간을 미리 배분하고, 10분 발표라면 9분에 맞춰 연습하여 여유를 확보해야 한다. 그리고 연습해야 한다. 눈으로 자료를 보기만 하지 말고, 직접 소리 내 읽으면서 발표 시간을 측정해 보아야 한다. 중요한 발표라면 최소한 10번 이상은 시간을 재고 소리 내서 연습해 보자.

(3) 질문 대응 실패

질의응답에 대비하지 못한 발표는 평가위원의 질문에 당황하거나 동문서답하게 되고, 논리의 허점을 찔렸을 때 대안이 없다. 잘못 대응한 질의응답은 앞서 발표한 내용 전부에 대한 신뢰를 잃게 한다.

질의응답 준비 방법
- 예상 질문 리스트를 미리 뽑고 모범 답안을 작성해본다.
- 질문을 받을 때는 '좋은 질문입니다' 또는 '중요한 질문입니다'라고 하여 긍정적 분위기를 유도한다.
- 발표자료의 논리를 강화하는 백업 자료를 슬라이드 뒤에 미리 준비해 둔다.

(4) 평가위원의 눈높이 고려 실패

'지식의 저주(Curse of Knowledge)'라는 것이 있다. 전달자가 느끼는 '듣는 사람의 이해 정도'가 듣는 사람의 실제 이해도와 큰 차이가 난다는 것이다. 즉, 설명하는 사람은 이미 알고 있는 내용이라 나름대로 쉽게 설명한다고 했지만, 처음 듣는 사람에게는 여전히 어려운 것이다. 이러한 이해의 차이가 발생하는 주요 이유는, 내용을 너무 기술이나 전문 용어 중심으로 작성하였거나 왜 중요한지에 대한 설명 없이 방법만 나열하기 때문이다.

    이를 극복하기 위해서는 기술이나 전략의 경우 '왜 이것이 필요한가'를 먼저 설명해야 하며, 청중이 공감할 수 있는 언어를 사용해야 한다. 때로는 '평가위원님께서 보시기에…' 식의 맞춤형 멘트를 사용하는 것도 효과적이다.

(5) 완벽에 대한 강박

완벽한 발표를 위해 대본을 작성하고, 완전히 외워 오는 경우가 있다. 그리고 발표장에서 외운 내용을 한 자라도 틀리면 당황한다. 그러면 다음 내용을 기억하지 못해 잠시 침묵하거나, 했던 말을 반복하거나 더듬는다. 또한, 예상하지 못한 질문이나 상황에 유연하게 대처하지 못하는 상황으로도 이어진다. 이런 경우 평가자들은 발표자의 이해도와 전문성을 의심하게 된다. 의심은 곧 낮은 점수로 되돌아온다.

발표에는 완벽보다 일관성을, 정답보다 진정성을 담는 것이 훨씬 중요하다. 실수를 조금 하더라도 핵심만 유지하면 괜찮다. 발표는 퍼포먼스가 아니라 설득이다. 평가자는 말 잘하는 사람의 과제를 고르지 않는다. 진심 어린 동기와 현장 경험이 매우 강력한 무기라는 것을 잊지 말자.

4

Win-Win으로 이끄는 질의응답

(1) 질의응답은 설득의 연장이다

서면 심사와 발표를 마친 후 질의응답은 기획의 진정성과 실행력을 마지막으로 점검하는 자리다. 평가위원들은 질의응답을 통해 내가 이해한 것이 맞는지 확인한다. 더 나아가 평가위원의 관점에서 기획서와 발표자료에서 발견한 오류와 모순을 지적하고 '항복' 또는 '극복'을 테스트한다. 평가위원들은 이 테스트를 통과하는 기관에 과제 선정이라는 타이틀을 안심하고 줄 수 있다.

(2) 평가위원의 질문 의도를 먼저 파악하라

답변 전에 그 질문을 하는 평가위원의 의도와 목적을 이해하는 것이 중요하다. 평가위원이 질문하는 이유에는 여러 가지가 있다.

- 사실(Fact)이 궁금한 경우
- 잘못된 사항을 지적하고 싶은 경우
- 자신의 가설을 확인하고 싶은 경우
- 마음에 드는 내용을 확인하고 가산점을 주고자 하는 경우

모든 질문이 가산점을 주기 위한 것이면 좋겠지만, 보통 다른 경우가 더 많다. 아래 예상 질문에 대한 시나리오를 준비해 보자.

예상 질문

귀사의 기술·서비스가 현재 시장 환경에서 경쟁력을 가질 수 있다는 근거는 무엇입니까?

↓

이 질문은 경쟁력과 차별성에 관한 질문이다. 그러나 그 이면에는 '이 기술이 정말 시장에서 통할까?', '내가 이 기획서를 높이 평가했다가 실패하면 어쩌지?' 하는 평가위원의 책임에 대한 두려움이 자리하고 있다. 따라서 답변자는 무엇보다 '이 선택이 옳다'는 확신과 안심을 줄 수 있어야 한다.

(3) 답변은 짧고, 명확하고, 진정성 있게 하라

원칙	설명	예시
짧게	1분 이내 답변이 기본	핵심만 정리하면 3단계 전략입니다.
명확하게	구조를 잡아 말하기	첫째, 둘째, 셋째 순으로 말씀드리겠습니다.
진정성 있게	표정과 눈빛도 중요	실은 이 과제를 기획한 데에는 개인적인 계기도 있었습니다.

(4) 준비된 시나리오라도 즉흥적으로 답하는 것처럼 하라

예상 질문을 만들고 그에 대한 답변을 미리 준비하여 달달 외워 말하고 있다는 사실은 금방 들통난다. 자연스럽고 인간적인 답변이 오히려 신뢰를 얻는다. 말하기 위한 시나리오 순서를 기억하고, 키워드를 활용해 나의 언어로 이야기할 수 있어야 한다.

(5) 발표를 마무리하는 정리 멘트로 마침표를 찍자

질문에 모두 답변한 후 '이런 점에서, 이번 과제는 반드시 실현되어야 한다고 생각합니다'처럼 마무리 한 줄 정도를 붙여 설득의 인상을 남기자.

7장 요약

- 발표자료는 전달하고자 하는 메시지 위주로 작성하자.
- 발표자료와 보고서의 다른 점을 기억하자.
- 질의응답은 설득의 연장이라는 것을 기억하고 또 다른 공감의 시간으로 만들자.

항목	평가위원의 관점
메시지 전달력	발표자료의 메시지에 쉽게 납득되는가?
공감력	내용이 공감이 가는가?
전달력	발표자가 발표 내용을 모두 이해하고 얘기하는가?
질의응답	질문의 의도에 적합한 대답을 하는가?

# 8장.

실전 템플릿

1

스토리가 담긴 기획서 쓰기 3단계

평가자가 스토리를 따라오게 만드는 구조로 기획서를 쓰자. 좋은 스토리가 담긴 기획서는 평가자가 '그래, 이건 필요해!'라고 고개를 끄덕이게 만든다. 보통 그 시작은 객관적이고 논리적인 내용보다 개인적인 스토리이다.

(1) 수치가 아니라 경험으로 문제를 정의하라
Before: 중소기업의 공정자동화율이 낮아 생산성이 떨어집니다.
After: A기업 김 과장은 매일 밤 품질 데이터를 수작업으로 정리하고 있습니다. 실수도 잦고, 퇴근은 늘 밤 10시를 넘깁니다.

> **TIP**
> - 문제를 겪는 사람은 누구인가?
> - 그 사람은 지금 어떤 불편함을 겪고 있는가?
> - 이 불편함이 얼마나 반복되고 오래 지속됐는가?

(2) 기술이나 전략이 아니라 변화의 여정으로 해결방식을 보여라
Before: AI 품질 분석 시스템을 도입합니다.
After: 이 시스템을 도입하면 김 과장은 1시간 만에 하루 데이터를 자동 정리하고, 실수는 줄고, 저녁 6시에 퇴근합니다.

TIP

- 이 과제가 실행되면 무엇이 바뀌는가?
- 수혜자는 어떻게 더 나은 삶을 살게 되는가?
- 그 변화는 누구에게 가장 의미 있는가?

(3) 기대효과는 수치 나열이 아닌, 문제 해결이 가져올 변화의 '결말'을 구체적으로 보여주어라.

Before: 효율이 30% 증가합니다.
After: 효율이 30% 높아지자, 김 과장의 일도 삶도 한결 여유로워졌습니다. 이제 그는 퇴근길에 아이와 함께 웃을 여유를 되찾았습니다.

TIP

- 변화된 모습이 구체적으로 그려지는가?
- 숫자와 감정이 함께 들어 있는가?
- 이 이야기를 듣는 평가자가 상상할 수 있는가?

> **결과물 예시**
>
> 김 과장은 매일 밤 수작업으로 데이터를 정리합니다. 실수도 많이 하고, 퇴근은 늘 늦죠. 우리는 공정 내 품질 데이터를 자동 분석하는 시스템을 도입해 이를 바꾸려 합니다. 이 시스템이 들어가면, 김 과장은 퇴근 전 1시간 만에 모든 업무를 끝낼 수 있습니다. 그리고 그는 오랜만에 가족과 저녁을 먹게 될 겁니다.

기획서를 평가받는 순간, 당신은 데이터 분석가가 아니라 이야기꾼이어야 한다.

2

스토리 포맷 Before – Why – How – Impact

기획서, 발표, 인터뷰 어디에서든 핵심 내용을 짧고 설득력 있게 말하는 구조이다. 이 4단계는 평가자가 '문제 → 필요성 → 해결책 → 효과'라는 흐름을 자연스럽게 이해하게 만든다.

(1) Before(현상)
문제 상황 또는 불편한 현실 또는 현상을 생생하게 제시하라.

> **예시**
>
> 2023년 기준 국내 발달장애인은 약 27만 2,524명으로 매년 증가하고 있습니다. 같은 기간 전체 장애인이 5.91% 증가하는 동안 발달장애인은 33.67%로 급증하였습니다. 발달장애인 B를 자녀로 둔 아버지 A씨는 치료비로 매월 300만 원을 지출하고 있습니다.

> **TIP**
> - 문제를 겪고 있는 구체적인 사람 또는 상황을 묘사하라.
> - 데이터보다는 경험, 통계보다는 풍경을 그려라.

(2) Why(진짜 문제)
왜 문제가 지금까지 해결되지 않고 있는지 근본 문제를 강조하라.

> **예시**
>
> 발달장애 치료의 최적 시기는 생후 0~5세 사이입니다. 만 2세 이전이 가장 중요하다고 세계보건기구(WHO) 등에서 보고하고 있습니다. 하지만 실제 평균 발견 시기는 7.5세, 평균 진단시기는 11.8세로 골든타임 대비 최소 5.8년에서 최대 9.8년 간의 차이가 발생합니다. 이런 차이를 발생하는 이유는 자녀의 발달장애를 인정하는 게 두려운 부모의 망설임 때문이었습니다. 마지막까지 우리 아이는 '장애가 아니다'라는 말을 듣고 싶었던 부모의 욕심 때문이었습니다. 그런데 이렇게 치료가 늦어지면 놓쳐버린 시간 만큼의 치료 효과를 다시 얻을 수 없습니다.

TIP

– 현상 이면에 있는 진짜 문제가 무엇인지를 답해야 한다.
– 다른 기관에서 지금까지 이 문제를 해결하지 못한 이유를 설명하도록 노력한다.
– 모두가 현상을 가지고 문제를 해결하고자 접근할 때, 보이지 않고 나타나지 않았던 근본적 원인을 찾도록 한다.

(3) How(해결 방법)

제안하는 해결책을 행동의 흐름으로 설명하라.

> **예시**
>
> 우리가 제안하는 발달장애 치료법은 아동에 대한 진단을 먼저 하지 않습니다. 진단하는 순간 아동을 발달장애인이라고 규정하기 때문입니다. 진단 이전에 영유아 건강검진 수감방법을 개선하여, 전문가와 함께 하는 영유아 놀이프로그램에 참여하도록 합니다. 이를 통해 어린이의 행동을 관찰하고 상담을 진행합니다. 이후 코디네이터의 도움을 받는 가운데 치료를 시작합니다. 그리고 최종 진단은 이후에 합니다.

TIP
- 기술이나 솔루션을 활용되는 장면으로 설명하라.
- ~하는 시스템 보다는 ~할 수 있도록 돕는 도구처럼 말하라.

(4) Impact(결과, 효과)

이 과제를 통해 삶의 모습이 어떻게 변화할 것인지를 구체적으로 제시하라.

> **예시**
>
> 이 프로그램을 도입하면, 자녀가 장애인으로 낙인될까 두려워 병원을 찾거나 치료를 미루는 그간의 불합리한 행동이 사라지게 됩니다. 모든 발달장애의 징후가 있는 어린이들이 더 빨리 치료를 시작할 수 있고 더 많이 비장애인으로 성장할 수 있는 기회를 갖게 됩니다. 이제 자녀를 늦게 치료하여 평상 장애인으로 살게 했다는 부모의 후회와 자책이 사라지게 될 것입니다.

TIP
- 숫자와 감성을 함께 담아라.
- '그래서 뭐가 좋아지는데요?'에 답하는 문장으로 마무리하라.

3

실전 사례 다시 써보기 실습

> **예시**
> 본 과제는 중소기업 제조공정의 자동화율이 낮고, 품질 관리가 수작업으로 이루어져 오류가 잦은 문제를 해결하기 위해, AI 기반 공정 분석 시스템을 개발하여 생산성과 품질을 동시에 향상시키고자 합니다.

구분	상태	문제점 설명
대상	불명확	누가 겪는 문제인지 구체적 설명 없음
감정	없음	불편함과 절실함이 느껴지지 않음
변화 묘사	없음	기술 중심 서술, 변화된 결과가 구체적으로 드러나지 않음
스토리 구조	없음	Before – Why – How – Impact의 흐름이 없음

(1) 스토리 구조로 바꾸기
- Before(현상)

  경기도의 한 부품 공장에서 일하는 박 과장은 매일 아침 100장이 넘는 품질점검표를 눈으로 보고 체크합니다. 실수도 많고, 같은 오류가 반복되어 고객 클레임도 잦습니다.

- Why(진짜 문제)

    문제는 단순한 작업 효율이 아니라, 중소기업의 경쟁력과 직결됩니다. 지금도 전국 수천 곳의 현장에서 박 과장 같은 사람들이 이중고를 겪고 있습니다. 이러한 현상이 일어나는 이유는 품질검증 프로세스가 사람의 주관적 판단과 반복 작업에 과도하게 의존해, 오류 발생을 예방하거나 학습·개선할 수 있는 체계가 없다는 것입니다.

- How(해결 방법)

    우리는 AI를 활용한 영상 기반 품질 분석 시스템을 도입해, 검사 데이터를 자동 분석하고 이상 패턴을 사전에 탐지하는 솔루션을 개발하고자 합니다.

- Impact(결과, 효과)

    이 시스템은 박 과장의 일상은 물론, 기업의 불량률을 40% 줄이고 납기 준수율을 25% 이상 향상시킬 수 있습니다. 사람의 부담을 줄이는 기술이 곧 기업의 경쟁력이 되는 것입니다.

항목	검증 질문
Before	이 문제를 겪는 사람을 구체적으로 설정했는가?
Why	지금 이 문제가 발생하는 진짜 문제를 찾아 기술했는가?
How	기술과 해결 방법을 사용자 입장에서 설명했는가?
Impact	변화된 모습이 구체적인 숫자와 함께 그려졌는가?

(2) 다시 써보기 실습

아래 문장을 Before — Why — How — Impact 포맷으로 바꿔보라.

본 과제는 시니어 대상 보이스피싱 피해를 줄이기 위한 예방 앱을 개발하고, 고액의 금융 거래 시 가족에게 알림 기능을 연동하여, 사전 대응이 가능하도록 합니다.

4

내 기획서 셀프 체크리스트

아래의 체크리스트를 작성해보며 내 기획서가 평가위원에게 어떻게 보일지 확인할 수 있다.

(1) 전체 구조 점검

항목	체크(X/O)	메모
개요, 전략, 효과의 3단 구성이 명확한가?		
제안 내용이 한 문장으로 요약 가능한가?		
도입부에 이 과제가 필요한 배경이 설득력 있게 서술되었는가?		

(2) 논리 점검

항목	체크(X/O)	메모
상황 → 원인 → 해결책 → 기대효과의 흐름이 자연스러운가?		
주장의 근거가 객관적인 통계, 사례, 문헌으로 뒷받침되고 있는가?		
유사 사업과의 차별점이 명확하게 정리되어 있는가?		
기획된 내용이 논리적으로 정합성을 갖추고 있는가?		

(3) 스토리 점검

항목	체크(×/○)	메모
Before – Why – How – Impact 흐름으로 이야기처럼 설명할 수 있는가?		
평가자가 감정적으로 공감할 수 있는 스토리 (문제 상황, 인물, 배경)가 포함되어 있는가?		
'왜 지금, 왜 우리인가?'에 답하는 문장이 들어 있는가?		

(4) 설득력 점검

항목	체크(×/○)	메모
이 과제가 사회적·경제적으로 꼭 필요한 이유가 설명되어 있는가?		
정책 방향이나 국정 과제와 연계된 근거가 포함되어 있는가?		
숫자로 설명한 정량적 기대효과가 포함되어 있는가?		

(5) 가독성 & 표현 점검

항목	체크(×/○)	메모
장문의 문장이 반복되거나 추상적인 표현은 없는가?		
핵심 메시지를 강조하거나 정리한 시각적 표현이 있는가? (도표, 도식, 핵심 문장 강조 등)		
제목, 소제목만 읽어도 전체 내용을 이해할 수 있는가?		

마지막 3가지 질문

1. 이 기획서를 10초 안에 요약 설명한다면 그 내용은 무엇인가?
2. 이 과제를 통해 누가, 어떻게 더 나은 세상을 경험하게 되는가?
3. 내가 평가위원이라면 이 과제를 선택할 이유는 무엇인가?

8장 요약

- 나의 과제를 3단계 스토리 구조로 풀어보자.
- 문제 – 필요성 – 해결책 – 효과의 4단계 스토리 구조로 구성하자.
- 기획서 초안을 작성한 후에 스토리 구조로 바꾸고 검증하자.
- 작성한 기획서를 구조, 논리, 스토리, 설득력, 가독성 관점에서 확인하자.

항목	평가위원의 관점
스토리 구성	스토리가 이해하기 쉬운 구조인가?
스토리 전달	스토리를 통해 전달하고자 하는 내용에 공감이 가는가?

9장.

종료평가 준비

종료평가 과정에 참여하며 꼭 들려드리고 싶었던 이야기가 있어 중요한 사항 몇 가지를 작성하였습니다. 과제 선정 때와는 다르게 마음 편히 종료평가에 임하기를 바랍니다.

과제 종료 후에는 2단계에 걸쳐 종료평가를 시행합니다. 현장실태조사와 최종평가위원회입니다.

1

현장실태조사

과제 종료일 후 3~4개월 뒤 현장실태조사를 진행한다. 보통 평가위원 2명이 현장(주관연구개발기관의 사무실)을 방문한다. 이때 주로 점검하는 항목은 과제 목표 달성, 관련 증빙 자료, 과제 수행 충실도, 작성한 연구노트 등이다. 또한, 최종평가위원회에 필요한 사항을 사전 점검하고 조언을 하는 자리이다. 그야말로 컨설팅 자리이다. 하지만 현장실태조사에 참가한 평가위원들의 의견서가 최종평가위원회 평가위원들에게 그대로 전달되니 부정적인 의견이 나오지 않도록 대응하는 것이 관건이다.

현장실태조사에서 평가위원들은 가장 먼저 정량목표 달성 여부를 확인한다. 또한 이를 객관적으로 증빙할 수 있는 근거 서류를 확인한다. 보통 과제 선정평가 시 정량목표 달성을 위한 평가 방법으로 객관적인 방법 즉, 제3자 또는 공인인증기관의 인증서를 요구하는 경우가 많다. 그러므로 현장실태조사에서는 이러한 인증서가 제대로 확보되었는지를 확인한다.

다음은 충실하게 과제를 수행했는지 확인한다. 과제 결과는 목표한 대로 잘 도출하였는지, 사업화는 잘 진행되고 있는지 등이다. 하지만 엄밀히 말하면 이것이 현장실태조사의 중점 점검 항목은 아니다. 참고로 검증할 뿐이다.

마지막으로 연구노트의 작성 여부를 확인한다. 연구노트는 연구자가 작성해야 하는 일종의 일지이다. 연구노트는 해당 과제가 혹여나 정량목표를 달성하지 못했을 때도 '최선을 다해 열심히 연구했다'는 것을 어필하기 위한 최후의 증빙이다. 비록 정량목표를 달성하지는 못했어도 열심히 일한 증거가 명확하다면 불성실수행이 아닌 미흡이라는 평가를 받게 된다. 미흡은 연구수당 감액이라는 불이익을 받는다. 하지만 불성실수행인 경우에는 연구수당 미지급과 향후 일정기간 정부과제에 참여 제한 불이익을 받게 되는 만큼 그 차이가 크다.

연구노트 작성 시 흔히 하는 실수가 있다. 바로 승인자(관리자)의 서명 누락이다. 연구노트는 잘 작성했는데 승인자가 확인한 날짜와 서명이 생략되어 있으면 연구노트의 진정성이 의심된다. 사소한 것이지만 꼭 확인하여 누락하지 않도록 해야 한다.

지금까지 현장실태조사의 목적과 평가위원들의 중점 점검 항목에 관해 이야기했다. 이에 따라 현장실태조사에서 제시하는 발표 장표도 선정평가와는 다르게 작성할 것을 추천한다.

현장실태조사 발표 장표 추천 목차
① 연구개발과제 추진 배경
② 연구개발과제 결과(물)
③ 연구개발과제 목표 및 달성현황
④ 연구개발과제 세부 추진 내용
⑤ 사업화 진행 현황
⑥ 연구 성과

목차에 따른 세부 내용을 간략하게 설명하면 아래와 같다.

① 연구개발과제 추진 배경: 과제 추진의 배경과 필요성을 요약하여 전달한다. 처음 과제 선정평가에서 발표한 기획서의 내용을 그대로 다시 기재하여도 된다.
② 연구개발과제 결과(물): 과제 수행 결과 최종 산출물을 소개한다. 과제 선정평가에서 발표한 개발 대상 기술·제품의 개요에 따른 결과물을 보여준다.

| 연구개발과제 결과(물) 예시

제품: 디자인, 이미지, 시제품, 시작품, 목업, 워킹 프로토타입 등
서비스: 웹 서비스 화면, 앱 서비스 화면, 웹/앱 서비스 시연, 서비스 플랫폼 등

③ 연구개발과제 목표 및 달성 현황: 주로 언급할 사항은 정량목표 항목과 그 달성도이다. 정량목표 항목은 100% 달성해야 한다. 정량목표를 달성하지 못했다는 것은 결국 과제를 실패한 것이다. 정량목표는 연차별로 설정하도록 되어 있고, 그에 따른 실적 역시 연차별로 기재하도록 되어 있다. 2차년도에 설정한 목표를 1차년도에 달성하는 것처럼 조기 달성은 괜찮으나, 1차년도 목표를 2차년도에 달성하는 경우도 목표달성 미달로 평가받을 수 있으니 유의하자. 하지만 가장 중요한 것은 최종 3차년도에는 모든 목표를 100% 달성해야 한다는 점이다. 반드시 명심하자.

정량목표 항목 및 달성 여부 예시

평가 항목	단위	전체 항목에서 차지하는 비중(%)	최초 목표			최종 실적			목표 달성 정도
			1차년도	2차년도	3차년도	1차년도	2차년도	3차년도	
○○정확도	%	15	93	94		93	99		달성
○○수명	Cycle	10	50	70	90	50	80	100	달성
반응속도	Sec	10		0.5	0.2		0.4	0.12	달성
응답시간	Sec	15		1	0.5		1	0.3	달성
접속 성공율	%	15	85	90	95	88	92	97	달성
고객 만족도	점	15	80	85	90	80	88	97	달성
○○시험	%	10		Pass	Pass		Pass	Pass	달성
서비스 상용화	건	10			1			1	달성

정량평가 항목별 장표 작성 예시

정량목표 달성항목: ○○정확도

평가 항목	단위	전체 항목에서 차지하는 비중(%)	최초 목표			최종 실적			목표 달성 정도
			1차 년도	2차 년도	3차 년도	1차 년도	2차 년도	3차 년도	
○○ 정확도	%	15	93	94		93	99		달성

제품 사진

시험 과정 사진
최종 시험 결과: 정확도 99.0% 달성

공인기관 시험성적서

인증기관: 연구원장(인)

첫 장에는 정량목표 달성 여부를 평가위원들이 한눈에 볼 수 있도록 정리해서 첨부하면 좋다. 다음 장부터는 각 정량평가 항목별로 세부 달성 정도와 이를 측정한 객관적인 근거 서류를 첨부하는 것이 매우 효과적이다.

④ 연구개발과제 세부 추진 내용: 연구과제 개발을 수행하기 위해 기관별로, 연차별로 어떤 노력을 수행하였는지 세부적으로 소개하면 된다. 과제 수행 과정에서 경험한 어려움과 시행착오, 그리고 이를 극복한 방법과 결과를 자세하게 소개한다. 기획서의 연차별로 기관별 계획한 Task를 작성하여 내용을 요약하면 큰 어려움 없이 작성할 수 있다.

이 항목에서 평가위원들이 긍정적으로 평가하는 것은, 처음 계획대로 추진하려 했을 때 장애물을 만났으나 이를 적극적으로 돌파하여 결국에는 어려움을 극복하고, 나아가서는 기존에 수립했던 방법보다 더 효과적인 새로운 대안을 찾았다는 스토리다. 매년 기술이 획기적으로 발전하고 소비자의 기호가 변화하는 오늘날 3년 전 예상했던 환경이 변하는 것은 당연한 일이라고 할 것이다. 하지만 이런 환경 변화에도 불구하고 연구에 참여한 기관들이 창의적인 방법을 통하여 최초에 설정한 목표는 달성했다고 어필하는 것이 중요하다.

⑤ 사업화 진행 현황: 연구개발을 통해 사업화(상용화)를 위한 계획과 진행 경과 및 성과를 소개한다. 보통 연구개발기간 종료 다음 해부터 매출 발생을 기대하지만, 이전이라도 MOU 체결, 상업용 판매 수주 계약 체결, 매출 발생 등이 있다면 적극적으로 알리는 것이 좋다. 아무리 좋은 기술이라도 이를 구매하고 이용할 고객이 없으면 무용지물이기 때문에 사업화 진행 실적이 있다는 것은 좋은 과제를 성공적으로 수행했다는 신뢰의 증거가 된다.

*'② 연구개발과제 결과(물)'과 연계하여 발표 또는 설명할 수도 있다.

⑥ 연구 성과: 정량목표에는 포함하지 않았지만 연구개발의 성과를 간접적으로 평가할 수 있는 지표이다. 지식재산권(특허, 디자인 등) 출원, 지식재산권 등록, 홍보 실적, 포상 및 수상, 디자인 어워드, 고용 창출, 논문 발표 등이 있다.

제품은 IF, IDEO, Red dot, iT 등 국제적 디자인 어워드를 수상한 경우 신뢰도를 높일 수 있다. 제품 및 서비스 아이디어에 대해서는 특허 출원 및 등록을, 사업화를 위한 상표권 출원 결과를, 상품 및 서비스 홍보와 마케팅을 위한 전시회 참가 및 출품 경험 등을 적극적으로 알릴 필요가 있다.

*'③ 연구개발과제 목표 및 달성현황'과 연계하여 발표 또는 설명할 수도 있다.

위와 같이 현장실태조사를 준비한다면 조사에 참가한 평가위원들은 과제 결과에 관해 매우 호의적으로 평가하고 긍정적인 평가의견을 작성하여 최종평가위원회에 제출할 것이다. 나아가 만족스러운 현장실태조사에 참가한 평가위원들은 기쁜 마음으로 향후 사업발전을 위해 조언할 것이다.

2

최종평가위원회

최종평가 발표는 선정평가 발표와 다르다. 그동안 진행한 내용을 자신 있게 홍보하자. 주눅들지 않고 당당하게 발표해도 된다. 최종평가위원회는 현장실태조사 후 2~3주 뒤 개최한다. 보통 20~25분 발표하고, 20~25분 질의응답한다. 평가위원 7명이 참석한다. 다음은 평가 기준이다.

최종평가위원회 평가 기준 예시

평가 영역 (비중 %)	평가 세부 항목	평가위원의 핵심 질문
목표 달성도 (45)	성과 달성	· 계획한 정량 목표를 달성하였는가? · 시험성적서, 공인기관 인증 등 객관적 근거를 확보하였는가? · 기술적 난관이나 장애 요소를 적절히 극복하였는가?
기술성 (15)	기술개발 결과의 혁신성과 파급효과	· 연구 결과가 혁신적이라고 평가할 수 있는가? · 학술적 성과나 지식재산권을 확보하였는가? · 다른 기술 분야로 확산 가능성이 있는가? · 사회적으로 파급효과가 있으며 기여가 가능한가?
사업성 및 경제성 (40)	사업화 가능성	· 마케팅 전략이 적정한가? · 투자 계획이 적정한가? · 개별 결과를 적용하여 경쟁시장 진입이 용이한가? · 시장에서 지속 가능한 성장이 가능한가?
	경제적 효과	· 기술개발을 통해 수익성이나 추가 가치(수출, 수입대체, 고용 창출 등)를 확보할 수 있는가? · 사업화에 따른 수익성이 충분한가?
종합 평가	평가 결과	· 전체적으로 보았을 때 아래 어디에 해당하는가? (우수 / 보통 / 미흡 / 불성실수행)

* 각 평가 항목은 실제 평가표를 바탕으로 재구성한 예시이다.
원문과 같지는 않으니 참고 자료로 활용하기를 바란다.

최종평가위원회 평가 결과

구분	평가 점수	내용
우수	85점 이상	성실하게 수행하여 연구 성과가 혁신적이고 사업화 가능성이 높은 경우
보통	70점 이상 85점 미만	연구개발 과정이 성실하고 연구성과와 사업화 가능성이 양호한 경우
미흡	60점 이상 70점 미만	연구개발을 성실하게 수행하였으나, 계획된 개발 목표를 미달성하고 수행결과의 사업화 가능성이 낮은 경우
불성실수행	60점 미만	1. 연구개발 과제의 수행 과정이 부적절하고 연구개발 성과가 그 수행계획에 비해 매우 미흡한 경우 2. 연구개발비 관리가 불성실한 경우 3. 최종보고서 미제출 등 의무사항, 시행 조치 미이행의 경우

평가 결과에 따른 패널티

평가결과	패널티 내용
미흡	최종단계에 계산된 연구수당 50% 감액
불성실수행	최종단계에 계산된 연구수당 미지급 국가연구개발혁신법 시행령에 따라 향후 일정 기간 과제 참여 제한

종료과제의 90%는 '보통'으로 평가한다. 과제를 성실하게 수행하였다면 미흡이나 불성실수행은 거의 나오지 않는다. 가끔 '우수'로 평가하는 과제도 있다. 하지만 과제를 여러 번 수행한 경험이 있는 과제책임자는 우수과제로 선정되는 것을 크게 반기지는 않는다. 그 뒤 행정절차, 우수과제 발표회, 기술료 산정 등 더 많은 일이 기다리고 있기 때문이다.

9장 요약

- 현장실태조사의 목적과 준비해야 하는 항목을 확인하자.
  (정량목표 달성, 목표 평가 방법, 연구노트 작성 등)
- 최종평가위원회는 편안한 마음으로 참여하자.

항목	평가위원의 관점
현장실태조사 정량목표	정량목표를 달성하였는가?
현장실태조사 목표 평가 방법	평가 방법과 평가환경이 계획대비 충실하게 수행되었는가?
현장실태조사 연구노트	연구노트는 빠짐없이 작성하였으며 관리자의 확인 날짜 및 서명이 있는가?
최종평가위원회 평가	해당 과제를 충실하게 수행하였는가?

부록 1. 정부R&D과제 기술개발계획서 목차

목 차

1. 연구개발과제의 개요 ·· 1
   1-1. 개발 대상 기술·제품의 개요 ··· 1
   1-2. 연구개발과제의 배경 및 필요성 ··· 2
2. 연구개발과제의 목표 및 내용 ·· 14
   2-1. 최종목표 ··· 14
   2-2. 연구개발 목표 및 내용 ·· 18
   2-3. 연구개발과제 수행일정 및 주요 결과물 ···································· 29
3. 연구개발과제의 추진전략·방법 및 추진체계 ······························ 31
   3-1. 기술개발 추진방법·전략 ·· 31
   3-2. 기술개발 추진체계 ··· 32
   3-3. 기술개발팀 편성도 ··· 33
   3-4. 과제 수행 중 일자리 창출 계획·방법 ·· 34
4. 연구개발성과의 활용방안 및 기대효과 ······································· 35
   4-1. 연구개발성과의 활용방안 ·· 35
   4-2. 연구개발성과의 기대효과 ·· 35
   4-3. 연구개발성과의 기술기여도 ·· 36
5. 연구개발성과의 사업화 전략 및 계획 ··· 37
   5-1. 국내·외 기술과 시장 현황 ··· 37
   5-2. 관련 지식재산권, 표준화 및 인증기준 현황 등 ······················· 40
   5-3. 표준화 전략 ·· 40
   5-4. 경제적 성과 창출계획 ··· 40
   5-5. 사회적 가치 창출 계획 ··· 43
6. 연구개발 안전 및 보안조치 이행계획 ··· 44
   6-1. 안전조치 이행계획 ··· 44
   6-2. 보안조치 이행계획 ※ 과제 선정 이후 제출 ···························· 45
7. 연구개발기관 현황 ··· 46
   7-1. 연구책임자(주관연구개발기관책임자) 및 참여연구자 등 현황 ······· 46
   7-2. 연구시설·장비 보유현황 ·· 51
   7-3. 연구개발기관 일반 현황 ·· 52
8. 연구개발비 사용에 관한 계획 ·· 54
   8-1. 연구개발비 지원·부담계획 ··· 54
   8-2. 연구개발비 사용계획 ··· 55
   8-3. 연구개발비 세부 사용계획 ·· 63

[별첨3] 외주 용역 활용계획서 ·· 64
[별첨4] 기술준비도(TRL, Technology Readiness Level) 목표 ······· 65
[별첨7] 영리기관 신규 참여연구자 채용(예정)확인서 ···················· 66

부록 2. 평가위원 관점 체크리스트

1장. 정부과제의 세계를 이해하라

항목	평가위원의 관점
정부과제의 존재 이유	우리나라 산업 발전과 산업 생태계 조성에 도움이 되는가?
과제와 수행기관의 연계성	과제가 수행기관의 기존 기술개발 및 사업 내용과 연관성이 큰가?
과제 내용의 이해 용이성	많은 과제 가운데 이해하기 쉽고 눈에 띄는 것은 무엇인가?
과제 선정의 불안 요소	어느 과제가 수행에 따른 리스크가 더 적은가?
문서 읽을 때 중점 요소	내용이 논리적으로 구조화되었으며 핵심이 명확한가?

2장. 정부과제의 기획의도를 이해하라

항목	평가위원의 관점
과제 제목에의 충실성	목표, 기술개발의 요소, 효과를 잘 담고 있는가?
개발내용의 반영 여부	개발내용에서 언급한 사항들을 모두 포함하고 있는가?
지원기간, 추진체계	지원기간 및 예산 배분을 규정에 맞게 작성하였는가?

3장. 정부과제 기획서가 떨어지는 7가지 이유

항목	평가위원의 관점
명확한 문제정의	이 과제에 정부예산을 투입해야 하는 이유가 명확한가?
기술의 파급 효과	이 기술이 누구에게 어떤 가치와 변화를 가져오는가?
전략의 일관성	개별 항목의 작성 내용이 전체적으로 통일된 메시지를 전달하는가?
수행기관의 차별성	다른 기관 대비 차별적인 요소가 더 뛰어난가?
숫자의 객관성	숫자가 객관적이고 신뢰할 만하며 전략과 연결되는가?
실행 가능성	과제 수행에 따른 잠재적인 리스크는 없는가?
성과, 사업화 가능성	계획한 사업화 매출이 가능한가? 지속가능한 비즈니스모델이 가능한가?

4장. 논리는 설계다: 기획서의 뼈대를 세우는 기술

항목	평가위원의 관점
이해 용이성	전체 내용을 이해하기 쉬운가?
논리 구조	전체 흐름이 예측 가능한가?
논리의 완결성	감점 요인은 없는가?
목표의 정량화	목표는 기획서의 내용을 재확인할 수 있는가?

5장. 스토리는 기억이다: 평가자를 움직이는 이야기의 힘

항목	평가위원의 관점
임팩트	이 과제에 오래 기억할 수 있는 강렬한 스토리가 있는가?
도입부 구조	과제 도입부가 매력적인가?
기술의 효과성	이 기술이 해결하려는 문제가 중요하고 의미가 있는가?
환기 가능성	마지막까지 기억에 남는 한 줄 메시지는 무엇인가?
설득 가능성	제시하는 스토리의 논리적 연계성이 충분히 강한가?

6장. 단계별 기획서 작성의 실전 가이드: 평가위원의 핵심 질문

항목	평가위원의 관점
과제 개요	· 과제 추진 배경과 필요성이 설득력이 있는가? · 해결 아이디어가 명확한가? · 핵심 메시지가 있는가? · 메시지가 논리적인가? · 메시지가 구조화되어 이해하기 쉬운가?
과제 목표와 내용	· 계획서에 차별성이 있는가? · 기술 및 시장 동향을 파악하고 있는가? · 평가 방법이 객관적인가?
추진전략 및 추진체계	· 추진전략이 명확한가? · 연구개발기관 구성이 타당한가? · 연구개발인력의 연구 역량이 적정한가?
성과의 활용방안 및 기대효과	· 사업화 계획이 구체적인가? · 사업화 계획이 설득력이 있는가? · 사업화 예상 매출액이 정부 R&D 지원금 대비 효과적인가?

7장. 발표자료와 발표평가

항목	평가위원의 관점
메시지 전달력	발표자료의 메시지에 쉽게 납득되는가?
공감력	내용이 공감이 가는가?
전달력	발표자가 발표 내용을 모두 이해하고 얘기하는가?
질의응답	질문의 의도에 적합한 대답을 하는가?

8장. 실전 템플릿

항목	평가위원의 관점
스토리 구성	스토리가 이해하기 쉬운 구조인가?
스토리 전달	스토리를 통해 전달하고자 하는 내용에 공감이 가는가?

9장. 종료평가 준비

항목	평가위원의 관점
현장실태조사 정량목표	정량목표를 달성하였는가?
현장실태조사 목표 평가 방법	평가 방법과 평가환경이 계획대비 충실하게 수행되었는가?
현장실태조사 연구노트	연구노트는 빠짐없이 작성하였으며 관리자의 확인 날짜 및 서명이 있는가?
최종평가위원회 평가	해당 과제를 충실하게 수행하였는가?

부록 3. 내 기획서 최종 점검표

1. 전체 구조 점검

항목	체크(X/○)	메모
개요, 전략, 효과의 3단 구성이 명확한가?		
제안 내용이 한 문장으로 요약 가능한가?		
도입부에 이 과제가 필요한 배경이 설득력 있게 서술되었는가?		

2. 논리 점검

항목	체크(X/○)	메모
상황 → 원인 → 해결책 → 기대효과의 흐름이 자연스러운가?		
주장의 근거가 객관적인 통계, 사례, 문헌으로 뒷받침되고 있는가?		
유사 사업과의 차별점이 명확하게 정리되어 있는가?		
기획된 내용이 논리적으로 정합성을 갖추고 있는가?		

3. 스토리 점검

항목	체크(X/○)	메모
Before – Why – How – Impact 흐름으로 이야기처럼 설명할 수 있는가?		
평가자가 감정적으로 공감할 수 있는 스토리 (문제 상황, 인물, 배경)가 포함되어 있는가?		
'왜 지금, 왜 우리인가?'에 답하는 문장이 들어 있는가?		

4. 설득력 점검

항목	체크(X/O)	메모
이 과제가 사회적·경제적으로 꼭 필요한 이유가 설명되어 있는가?		
정책 방향이나 국정 과제와 연계된 근거가 포함되어 있는가?		
숫자로 설명한 정량적 기대효과가 포함되어 있는가?		

5. 가독성 & 표현 점검

항목	체크(X/O)	메모
장문의 문장이 반복되거나 추상적인 표현은 없는가?		
핵심 메시지를 강조하거나 정리한 시각적 표현이 있는가? (도표, 도식, 핵심 문장 강조 등)		
제목, 소제목만 읽어도 전체 내용을 이해할 수 있는가?		

마지막 3가지 질문

1. 이 기획서를 10초 안에 요약 설명한다면 그 내용은 무엇인가?
2. 이 과제를 통해 누가, 어떻게 더 나은 세상을 경험하게 되는가?
3. 내가 평가위원이라면 이 과제를 선택할 이유는 무엇인가?

부록 4. 유용한 참고 사이트

(1) 범부처통합연구지원시스템
www.iris.go.kr

- 범부처통합연구지원시스템(IRIS)은 부처별, 전문기관별로 상이한 연구과제 관리규정(286개)과 시스템으로 인한 연구 현장의 불편과 연구 행정의 비효율성을 기존의 관리차원의 관점이 아닌 연구자의 입장에서 해소하고자 과학기술정보통신부와 관계 부처, 관련 전문기관들이 협력하여 구축한 통합 시스템이다.
- 2022년 1월 27일에 범부처통합연구지원시스템을 개통하였다.
- 모든 부처의 연구과제를 공고, 접수하고 있다.

(2) 기업마당
www.bizinfo.go.kr

- 중소기업 지원사업, 지원정책, 교육, 전시회 등 중소기업 지원 정보를 제공한다, 창업, 금융, 수출 등 중소기업 상담도 지원한다.
- 중소벤처기업부에서 운영하는 중소기업 정책정보시스템으로 중앙부처, 지자체, 공공기관 등 560여 개 지원기관의 최신 정책정보를 제공한다.
- 주로 정부지원사업을 소개하는 통합 플랫폼이다.

(3) K-Startup 창업지원포털

www.k-startup.go.kr

- 정부 창업지원사업 공고, 창업교육, 멘토링 프로그램 등 창업 초기에 필요한 모든 정보를 한 눈에 확인할 수 있다.
- 창업에 경험이 없는 예비 창업자를 위한 서비스를 지원한다.
- 각종 공모전 정보도 제공한다.

(4) SEMAS 소상공인진흥공단

www.semas.or.kr

- 소상공인 육성과 전통시장, 전통상점, 상권 활성화를 위한 다양한 지원 프로그램을 운영한다.
- 창업교육, 자금지원, 컨설팅 등 창업 초기에 실질적인 도움을 제공한다.
- 중소벤처기업부 산하 위탁집행형 준정부기관이다.

(5) KOSME 중소벤처기업진흥공단

www.kosmes.or.kr

- 중소벤처기업부에서 운영하는 중소기업 및 벤처기업을 위한 종합 포털이다.
- 정책 자금, 기술개발, 판로 지원 등 다양한 정보를 제공하며, 중소기업의 성장을 돕는 데 중점을 두고 있다.
- 주로 정부지원사업을 수행하며, 특히 스타트업 대표에게 매우 유용한 사이트이다.

정부과제 통과하는 기획서 작성법
정부과제 평가위원이 직접 알려주는 통과 전략

2025년 10월 21일 1판 1쇄 펴냄

지은이 유병철
펴낸이 김철종

펴낸곳 (주)한언
출판등록 1983년 9월 30일 제1-128호
주소 서울시 종로구 삼일대로 453 2층
전화번호 02)701-6911
팩스번호 02)701-4449
전자우편 haneon@haneon.com

ISBN 978-89-5596-945-0 (03320)

이 책은 저작권법에 따라 보호를 받는 저작물이므로 무단 전재와
무단 복제를 금지하며, 이 책의 전부 또는 일부를 이용하려면 반드시
저작권자와 (주)한언의 서면 동의를 받아야 합니다.

만든 사람들
기획·총괄 손성문
편집 배혜진
디자인 2mm

한언의 사명선언문
Since 3rd day of January, 1998

Our Mission — 우리는 새로운 지식을 창출, 전파하여 전 인류가 이를 공유케 함으로써 인류 문화의 발전과 행복에 이바지한다.

— 우리는 끊임없이 학습하는 조직으로서 자신과 조직의 발전을 위해 쉼 없이 노력하며, 궁극적으로는 세계적 콘텐츠 그룹을 지향한다.

— 우리는 정신적·물질적으로 최고 수준의 복지를 실현하기 위해 노력하며, 명실공히 초일류 사원들의 집합체로서 부끄럼 없이 행동한다.

Our Vision   한언은 콘텐츠 기업의 선도적 성공 모델이 된다.

저희 한언인들은 위와 같은 사명을 항상 가슴속에 간직하고
좋은 책을 만들기 위해 최선을 다하고 있습니다.
독자 여러분의 아낌없는 충고와 격려를 부탁드립니다.
• 한언 가족 •

HanEon's Mission statement

Our Mission — We create and broadcast new knowledge for the advancement and happiness of the whole human race.

— We do our best to improve ourselves and the organization, with the ultimate goal of striving to be the best content group in the world.

— We try to realize the highest quality of welfare system in both mental and physical ways and we behave in a manner that reflects our mission as proud members of HanEon Community.

Our Vision   HanEon will be the leading Success Model of the content group.